本书获得国家自然科学基金项目（72104137）、教育部人文社会科学研究项目（23YJC630015）、上海工程技术大学学术著作出版专项（2024ZZZX04）的资助

U0717400

创新生态系统
价值共创

江瑶　陈旭

程婷华

著

Value Co-creation of Innovation Ecosystem

经济管理出版社
ECONOMY & MANAGEMENT PUBLISHING HOUSE

图书在版编目（CIP）数据

创新生态系统价值共创 ／ 江瑶，陈旭，程婷华著．

北京 ：经济管理出版社，2024. -- ISBN 978-7-5096

-9931-7

Ⅰ．G124-39

中国国家版本馆 CIP 数据核字第 202482R2P8 号

组稿编辑：高　娅

责任编辑：高　娅

责任印制：许　艳

出版发行：经济管理出版社

　　　　　（北京市海淀区北蜂窝 8 号中雅大厦 A 座 11 层　　100038）

网　　　址：www.E-mp.com.cn

电　　　话：（010）51915602

印　　　刷：唐山昊达印刷有限公司

经　　　销：新华书店

开　　　本：720mm×1000mm/16

印　　　张：9.5

字　　　数：128 千字

版　　　次：2024 年 10 月第 1 版　　　2024 年 10 月第 1 次印刷

书　　　号：ISBN 978-7-5096-9931-7

定　　　价：98.00 元

前　言

依托数字技术与文化资源的深度融合，多元主体基于创新生态系统的价值共创成为内容生产的主流趋势和产业发展的根本依归。在这样的一种融合生态下，每个创新主体都拥有独特的资源、技术和视角，这些元素在交织碰撞中激发出了无尽的价值火花，但同时也使价值共创充满挑战和变数。因此，深入探究多元主体价值共创机制，厘清多重影响因素间的内在联系，构建价值共创导向下的系统提升路径，对自信谱写中国式现代化文化长卷，实现数字文化产业的高质量发展具有重要现实意义。

本书正是围绕"提升数字文化产业创新生态系统中多元主体价值共创水平"这一中心目标，首先，从数字文化生态系统特征切入，基于创新性、开放性、融合性、协同性、健康性五个维度，构建系统建设水平的测度指标体系，然后对中国数字文化产业创新生态系统的发展现状分维度和分区域进行测度评价，以揭示在实践层面上研究多元主体价值共创机制的重要性和必要性。其次，以中国数字文化生态发展为研究情境，选取阅文集团作为案例研究对象，从数字文化产业创新生态系统核心主体视角切入，遵循"驱动因素—行为模式—共创结果"的完整过程逻辑，采用探索性单案例研究方法，构建价值共创机制模型，解读价值从 0 到 1 再到 n 的螺旋式循环过程。再次，在所构建的价值共创机制模型基础之上，利用 fsQCA 组态分析方法探讨多重影响因素和多样行为模式对促进和实现价值共创的作用机理，探寻提升系统价值共创水平的多维耦合路径。最后，从强化多重动因、权衡多样行为、深化过程思维、完善生态体系四个方面提出价值共创导向下数字文化产业创新生态系统发展的对策建议，以期为我国数字文化产业的高质量发展和文化强国战略的贯彻落实提供理论依据。

本书得益于上海工程技术大学管理学院、上海应用技术大学经济与管理学院领导和老师们的支持与鼓励，感谢经济管理出版社高娅老师的指导，衷心感谢他们的付出！此外，本书出版受益于国家自然科学基金项目（72104137）、教育部人文社会科学研究项目（23YJC630015）、上海工程技术大学学术著作出版专项（2024ZZZX04）的支持，本书也将作为阶段性成果之一推进该项目的研究进程。由于水平有限，本书中尚存在表达不简练、不缜密之处，将在今后研究中进一步完善。

江瑶　陈旭　程婷华

2024 年 6 月

目　录

第一章　问题来源与界定

第一节　问题提出

依托于数字技术与文化资源的深度融合，文化生产方式、传播方式、流通方式和消费方式持续变革（高宏存和纪芬叶，2021），进而带来文化产业整体业态的颠覆性变化，形成了以网络文学、动漫游戏、数字影音、创意设计、智慧文旅等为代表的数字文化产业。为引导和促进数字文化产业高质量发展，2022 年 8 月，中共中央办公厅、国务院办公厅印发《"十四五"文化发展规划》，强调"创新"在产业发展中的核心地位，明确提出要加快发展新型文化生态。一方面，通过文化产业与其他行业的跨界融合实现文化资源的快速流通（范周，2020）；另一方面，通过即时化、定制化、个性化的文化消费实现文化供给和文化需求之间的快速匹配（Chen et al.，2021）。在这样的文化生态下，各方参与主体的合作边界不断拓展，合作模式持续创新，乃至合作机制也正经历着全方位重塑，以价值共赢为目标的共创实践成为推动文化生态快速发展的重要动力。这种生态协同式的共创实践能极大地激发主体创新活力，有效提升资源要素价值，使数字文化产业成为驱动国家经济增长的新引擎（周述章和何静，2023）。2023 年 10 月 8 日，习近平总书记对宣传思想文化工作作出重要指示："着力赓续中华文脉、推动中华优秀传统文化创造性转化和创新性发展，着力推动文化事业和文化产业繁荣发展、着力加强国际传播能力建设、促进文明交流互鉴，充分激发全民族文化创新创造活力。"这一重要指示是对数字文化生态中多元主体的协同共创提出的更高要求。当前是中国数字文化生态的全面建设期，是世界发展格局的持续演变期，更是大国文化竞争的博弈激化期。在此背景下，清醒认识和科学把握多元主体价值共创机制对推进数字文化生态深度协同作用，并最终推进中国式现代化的数字文化产业高质量发展至关重要。

现实中，数字文化产业创新生态系统多元主体价值共创现象正在迅猛发展。例如，数字阅读平台掌阅科技通过与国内外千余家出版公司和文学网站合作，已为全球 150 多个国家和地区的用户提供了高品质的图书内容和智能化的服务体验。音频分享平台喜马拉雅通过与 160 家头部出版社和 140 家网络文学平台建立业务合作，并通过鼓励和扶持教育、医学、农业等各行各业工作者参与业务合作，着力打通线上线下用户生态体系，充分释放了资源要素价值。事实证明，在数字文化产业领域，多元主体基于创新生态系统的价值共创已经成为内容生产的主流趋势和产业发展的根本依归。但是，中国数字文化产业的整体市场表现和发达国家相比有一定差距，远没有发挥出它应有的经济实力。随着共创实践的深入，IP 开发不连贯、利益分配不合理、市场机制不健全等问题也逐渐浮现（包国强等，2021），制约了数字文化产业的进一步发展。面对这些挑战，需要从多元主体的共创实践入手，深入剖析问题根源，通过全面理解和深刻把握价值共创的本质，进而寻求切实可行的解决方案。然而，目前学术界针对此问题的深入研究较为有限（惠宁和张林玉，2024），尚未形成系统全面的理论模型，致使数字文化产业创新生态系统价值共创机制尚不清晰。因此，立足于中国数字文化生态发展情境，探究多元主体价值共创的内在机制，对于深化多元主体协同，优化文化生态运行，并最终推动中国数字文化产业高质量发展具有重要意义。

　　基于上述背景，对现有文献进行系统梳理后发现，学术界关于数字文化产业创新生态系统价值共创机制的研究尚存在以下不足之处：一是现已提出的相关理论多是套用基础产业创新生态系统范式的理论框架与价值逻辑，缺乏对中国文化政策环境、文化消费市场以及数字文化企业实践的特殊性分析，针对性研究不足。二是虽有众多学者基于不同视角提出了独特见解，但是研究内容过于零散，未以一个完整的逻辑路径或统一的分析框架梳理价值共创机制问题，使得内在机制尚未明晰。三是现有研究以理论分析和案例研究方法为主，研究结果尚未采用定量分析加以论证。现有实证研究主要探讨了单个因素对价值共创的影响作用，忽视了在复杂开放的创新生态系统中多重影响因素与价值共创之间的耦合效应。鉴于此，本书采用定性与定量相结合的分析方法，以此挖掘并剖析数字文化产业创新生态系统价值共创的内在机制。研究问题主要分为以下三个部分。

一、中国数字文化产业创新生态系统的建设现状研究

　　从数字文化产业创新生态系统特征切入，基于创新性、开放性、融合

性、协同性、健康性五个维度，构建数字文化产业创新生态系统建设水平的测度指标体系。利用所构建的测度指标体系，对中国数字文化产业创新生态系统 2014 年至 2022 年的综合建设水平与各维度建设水平分别进行测度，并对 2022 年中国的 31 个省份（不包括香港、澳门、台湾地区）系统综合建设水平进行测度，从实践层面找出当前中国数字文化生态建设的不足，为后续理论研究铺垫实践基础（考虑到中国自 2013 年起正式发布文化产业相关数据指标，且部分指标数值一般延后两年发布，故研究选取中国 2014～2022 年产业数据作为分析对象）。

二、数字文化产业创新生态系统多元主体价值共创机制研究

立足于中国数字文化生态多元主体共创实践，从系统核心主体视角切入，遵循"驱动因素—行为模式—共创结果"的完整过程逻辑，探究在系统动态演化过程中哪些主体参与且为何进行价值共创、具体如何开展共创实践、最终产生了怎样的共创效果，以及主体共创与系统演变之间又存在怎样的关联等系列重要问题，以此揭示数字文化产业创新生态系统价值共创的内在机制，为多元主体价值共创活动提供新的理论视角和实践指导。

三、多元主体提高价值共创水平的多重组态路径研究

在所构建的价值共创机制理论模型基础上，对驱动因素和行为模式两大维度上的不同影响因素进行耦合分析，探寻促进和实现多元主体高水平价值共创的多重组态路径，为多元主体开展更高质量的价值共创活动，以及规避无效的共创行为提供相关的对策建议。

第二节 问题研究的目的与意义

一、研究目的

中国数字文化产业的蓬勃发展，离不开数字文化生态的坚实支撑。在这一生态中，多元主体应以价值共赢为核心导向，携手共进，形成合力共创的向好态势。然而，共创行为复杂多变的本质特征使多元主体开展共创实践面临着目标协同难度加大、共创效益难以量化等诸多挑战。在国家高度重视文化生态发展、国际文化意识竞争日趋激烈的背景下，多元主体亟须清醒认识和科学把握价值共创的内在机制和运作规律。这不仅是推动价值网络深度协同的关键所在，更是解决当前数字文化产业中存在的矛盾与问题的必由之路。因此，本书主要研究目的是：

（1）探析中国数字文化产业创新生态系统的建设不足。通过全面梳理和客观评价中国数字文化产业创新生态系统的发展现状，清晰界定当前在数字文化生态建设方面所面临的挑战与缺陷，进而识别出关键的短板环节，以便为后续建设方案提供有针对性的参考意见。

（2）揭示数字文化产业创新生态系统多元主体价值共创的内在机制，全面且清晰地阐述价值共创的根本运作逻辑。立足于中国数字文化生态发展实际，遵循"驱动因素—行为模式—共创结果"的完整过程逻辑解析在系统发展过程中多元主体之间的相互作用关系，进而构建价值共创理论模型。

（3）对所构建的理论模型进行实证分析，进一步探析影响因素之间的耦合效应。基于案例分析所构建的价值共创机制理论模型，立足于组态理论的耦合思想，对驱动因素和行为模式两大维度上的不同影响因素进行耦合分析，以此探寻促进和实现多元主体高水平价值共创的多重路径。

二、研究意义

就理论意义而言，本书为数字文化产业创新生态系统建设测度、共创机制和提升路径等方面提供了理论研究支持：

（1）在数字文化产业创新生态系统建设测度方面，本书建立了全面且系统的建设水平测度评价指标体系。这一评价体系不仅考虑了数字文化产业创新生态系统的显著特征，还结合了中国数字文化产业数据的可得性原则，使评价结果更具针对性和实用性。通过这一评价体系的建立，本书丰富了现有关于数字文化产业创新生态系统建设测度的理论研究，为后续研究提供了坚实的理论支撑。

（2）在共创机制方面，本书深入剖析了数字文化产业创新生态系统中价值共创的内在运行机制。通过探索性案例研究，本书揭示了多元主体在价值共创过程中的动力来源、行为模式以及共创效应，构建了共创机制理论模型。这一模型不仅弥补了现有研究关于数字文化产业多元主体价值共创零散且不够清晰的理论缺陷，还丰富了与价值共创相关的理论研究，为后续实证研究提供了完整的分析框架。

（3）在提升路径方面，本书以组态思维为切入点，探索了提升多元主体共创水平的多维组合路径。通过对比分析不同路径的组合方式和效果，本书为多元主体价值共创提供了具体的对策建议，不仅为探讨多元主体价值共创机制问题提供了新的理论视角，还拓展了模糊集定性比较分析方法（fsQCA）的应用范畴。

就现实意义而言，本书将推动价值网络深层协同、促进多元主体高水平价值共创以及实现产业高质量发展：

（1）通过研究所揭示的价值共创理论机制，有助于多元主体更好地理解和把握交互合作的深层意义和内在规律，促使各主体在开展共创实践的过程中更加精准地定位自身角色和功能，更好地实现资源互补和优势共享，从而形成紧密高效的价值网络，以此提升数字文化产业创新生态系统的运行效率。

（2）通过研究所挖掘的多重组态共创路径，可为多元主体开展共创实践提供多元化的选择和策略。各主体可以根据自身的特点和优势，选择适合自身发展的路径，以此实现个性化发展和差异化竞争。同时，这也将促进多元主体间的深度合作和协同创新，推动高水平共创共赢的局面形成，为产业的可持续发展注入源源不断的创新活力。

（3）此外，本书的研究成果还对推动数字文化产业升级发展具有重要意义。通过优化价值网络的运行机制和提升系统整体的创新能力，有助于推动数字文化产业向更高层次、更宽领域和更高价值发展。这不仅意味着数字文化产业将为社会经济做出更为显著的贡献，也意味着人民群众将享受到更为优质和丰富的文化产品和服务。

第三节　问题研究的思路

本书旨在探讨数字文化产业创新生态系统中多元主体价值共创机制问题，具体的研究内容安排如下：

第一章，问题来源与界定。首先，在阐明研究背景的基础上提出本书的研究问题。其次，明确研究目的与研究意义。最后，阐述研究内容安排、研究方法与技术路线规划。

第二章，核心概念、理论基础与国内外文献综述。首先，对"数字文化产业"、"知识产权"（IP）、"数字文化产业创新生态系统"、"价值共创"四个核心概念进行界定。其次，介绍数字经济理论、创新生态理论和价值共创理论的主要内容，给予本书足够的理论支撑。最后，回顾国内外关于数字文化产业创新生态系统价值共创的动因、过程和结果的相关研究，在现有文献评述的基础之上提出本书研究问题。

第三章，中国数字文化产业创新生态系统现状分析。首先，从产业规模、产业结构和产业发展面临的机遇与挑战四个方面分析中国数字文化产业发展现状。其次，从数字文化产业创新生态系统特征切入，基于创新性、开放性、融合性、协同性、健康性五个维度构建数字文化生态建设水平测度指标体系，并采用熵值法和线性加权法对 2014～2022 年中国数字文化产业创新生态系统的综合建设水平与各维度建设水平进行测度，以及对2022 年中国 31 个省份系统综合建设水平进行测度。最后，基于测度结果，对系统建设现状进行客观评价，并提出相应的改善建议。

第四章，数字文化产业创新生态系统价值共创机制模型构建。首先，阐述选择单案例研究方法的原因、选取阅文集团作为研究对象的原因和数据收集的来源渠道。其次，简要介绍阅文集团及其发展历程，并对阅文集团按照主要合作伙伴的变化划分发展阶段。再次，基于扎根理论，对案例资料自上而下依次进行开放式编码、主轴式编码和选择式编码以及理论饱和度检验。最后，依据"驱动因素—行为模式—共创结果"的研究逻辑，挖掘并剖析因素间的潜在联系，构建多元主体价值共创机制理论模型。

第五章，数字文化产业创新生态系统价值共创耦合效应研究。本章主要通过模糊集定性比较分析方法（fsQCA）探讨数字文化产业创新生态系统多元主体驱动因素和行为模式的不同构型对实现高水平价值共创的作用机理。首先，基于多元主体价值共创机制理论模型构建实证分析所需框架。其次，简要介绍研究方法，设计调查问卷，面向数字文化企业发放，对收集到的数据进行信效度检验，同步进行变量校准和赋值工作。再次，对数据进行必要性检验、充分条件的组态分析、稳健性检验和前因条件的互补替代分析。最后，总结研究结论。

第六章，价值共创导向下数字文化产业创新生态系统发展路径。本章首先梳理了国内广东、江苏、北京三大典型省份和国际美国、英国、日本三大典型国家的创新生态建设成功经验。其次，根据案例分析和实证分析所得研究结论，借鉴以上成功经验，以价值共创为核心导向，从"强化多重动因，灵活开展共创实践；权衡多样行为，有机组合共创模式；深化过程思维，贯彻落实共创理念；完善生态体系，建立健全共创机制"四个层面出发，为数字文化产业创新生态系统的发展提供对策建议。

第七章，总结与展望。概括性总结研究成果，指出本书的研究不足，并提出后续的研究展望。

第四节　问题研究的方法与技术路线

一、研究方法

根据本书的内容设计以及数字文化产业生态价值共创研究的实际和发展情况，本书采取多种定性与定量相结合的研究方法，具体包括：

（1）文献分析法。该方法是指对从中国知网、万方、WOS 等学术数据库以及其他学术网站上收集到的某方面的文献资料进行研究，以探明研究对象的性质、现状和未来趋势，进而从中引出自己观点的分析方法。本书通过阅读以数字文化产业、创新生态系统、价值共创等为主题的国内外文献，掌握研究的前沿方向、不足之处和尚待解决的问题，为本书研究寻找突破口。在分析理解各种理论的基础上，对数字文化产业创新生态系统价值共创的研究进行系统梳理，综合已有文献成果，对核心概念进行界定，进一步为后续研究奠定理论基础。

（2）问卷调查法。问卷调查法是一种比较普遍且常用的数据收集方法。设计调查问卷，通过问卷星、问卷网、专业调研机构等多种途径发放问卷，利用 Excel、fsQCA 3.0、SPSS 26.0、Amos 26.0 等软件对收集到的数据进行分析，为本书研究提供现实依据。本书首先借鉴已有成熟量表并结合中国数字文化产业发展的实际情况，同时参考相关领域的专家意见设计问卷初稿，其次利用预测试持续优化完善问卷，最后通过多途径展开正式调查。

（3）探索性单案例研究方法。该方法是指以一个案例为研究对象，对案例的复杂现象进行深入系统的跟踪和分析，从中挖掘事物的内在联系及其发展规律，并对现象进行概念化，最终得出结论的方法。在本书中，由于数字文化产业创新生态系统价值共创机制尚不清晰，多元主体共创实践的内在逻辑有待探明，属于典型的"How"和"Why"的问题范畴，因此适合采用探索性单案例研究方法。本书第四章采用探索性单案例研究方法，选取阅文集团作为案例研究对象，对其及其合作伙伴之间的共创实践进行深入分析，以此揭示数字文化产业创新生态系统价值共创的内在机制。

（4）模糊集定性比较分析法。该方法是基于布尔代数和集合论的组态分析方法，广泛用于研究多种条件变量相互叠加、共同作用于结果的影响问题。本书第五章基于第四章所构建的价值共创机制理论模型，利用 fsQCA 3.0 进行模糊集定性比较分析，进一步探索数字文化产业创新生态系统多元主体驱动因素和行为模式对促进实现高水平价值共创的多重组态路径。

二、技术路线

本书旨在探讨数字文化产业创新生态系统多元主体价值共创机制问题。为了更清楚直观地了解研究框架及内容，本书构建了研究技术路线图，如图 1-1 所示。

研究脉络	研究内容	研究方法

研究背景、研究目的、研究意义

核心概念与理论基础

问题提出 ← → 文献回顾 理论演绎

核心概念 → 理论基础 → 数字文化生态价值共创相关文献

| 数字文化产业 知识产权（IP） 数字文化产业创新 生态系统 价值共创 | 数字经济理论 创新生态理论 价值共创理论 | 共创动因 共创过程 共创结果 |

中国数字文化产业创新生态系统现状分析

现状评价 ← → 因子分析 线性加权

产业发展现状 → 系统建设水平测度 → 系统建设水平评价

| 产业规模 产业结构 发展机遇 面临挑战 | 创新水平 开放水平 融合水平 协同水平 健康水平 | 整体评价 维度评价 改善建议 |

数字文化产业创新生态系统价值共创机制模型构建

机制探究 ← → 问卷调查 案例分析 扎根理论

研究设计 → 案例编码 → 案例讨论

| 研究方法 案例选择 数据收集 | 开放式编码 主轴式编码 选择式编码 | 驱动因素 行为模式 共创结果 |

数字文化产业创新生态系统价值共创耦合效应研究

耦合效应 ← → 问卷调查 组态分析

理论框架 → 组态分析 → 结果解读

| 驱动因素促进共创 行为模式实现共创 | 必要性检验 组态构型分析 互补替代分析 | 高水平价值共创路径 低水平价值共创路径 |

价值共创导向下的数字文化产业创新生态系统发展路径

路径设计 ← → 文献回顾 理论演绎

国内典型经验 → 国际典型经验 → 发展路径

| 广东 江苏 北京 省份共创 动因对比 | 美国 英国 日本 国家共创 模式对比 | 强化多重动因 权衡多样行为 深化过程思维 完善生态体系 |

问题解决 → **总结与展望**

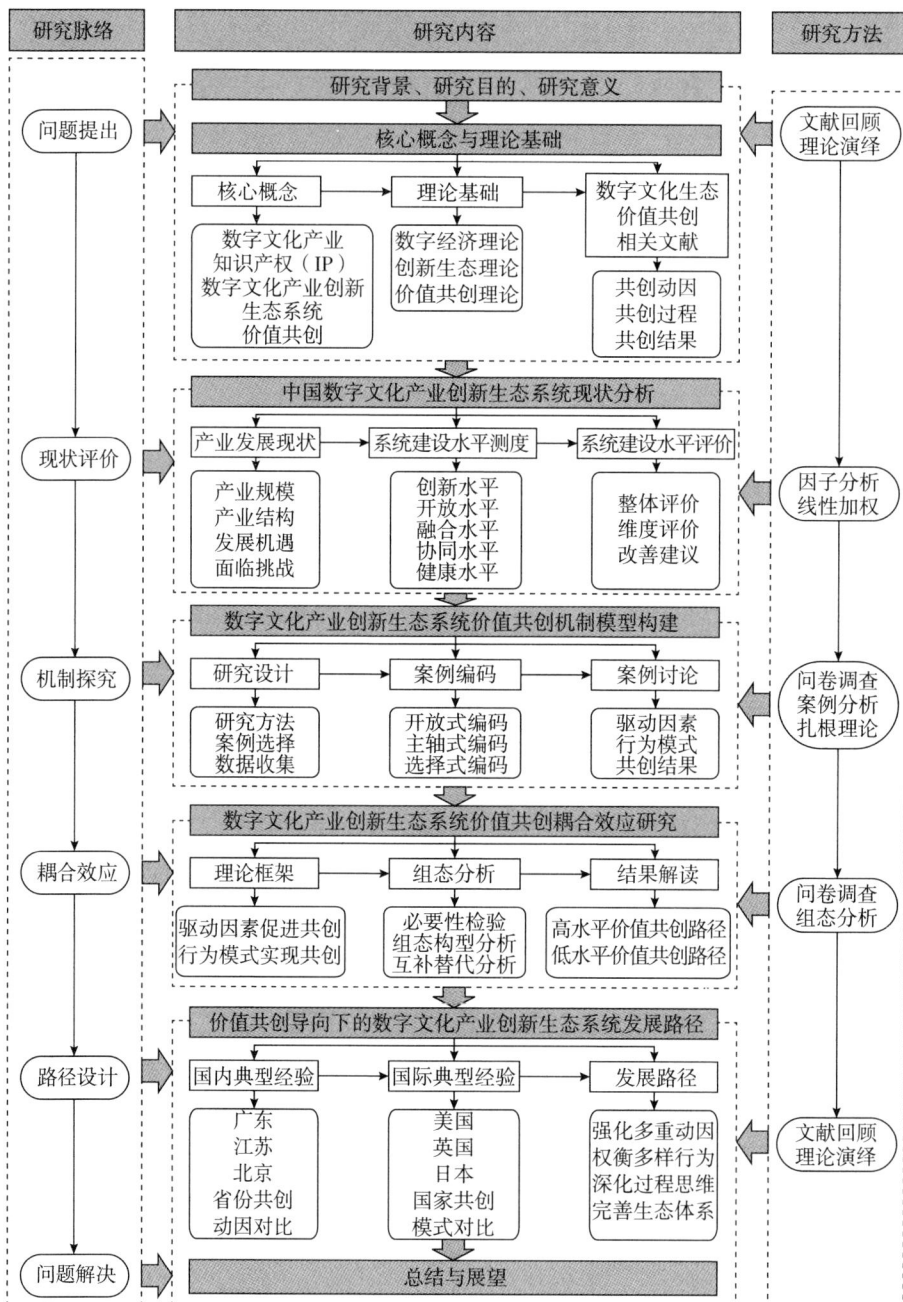

图 1-1　研究技术路线

第二章　核心概念、理论基础与
国内外文献综述

本章将对数字文化产业、知识产权、创新生态系统、价值共创等相关的核心概念和理论基础进行全面整理分析，以期为本书研究思路的设计和研究方法的选用提供参考。

第一节　核心概念

一、数字文化产业

数字文化产业是数字技术和文化创意高度融合而产生的一种新的市场经济形态。得益于数字技术的赋能，文化产业的生产方式、传播方式、流通方式和消费方式持续变革（高宏存和纪芬叶，2021），产业活力得到全面释放，数字视听、智慧文旅、在线教育、虚拟现实等新兴业态成为加快产业转型和经济高质量发展的重要突破口（张伟和吴晶琦，2022）。数字文化产业最早出现在欧盟于 1996 年发布的《信息社会 2000 计划》中。当前数字文化产业的称谓在国际上尚未完全统一，包括数字内容产业、数字文化产业、数字创意产业、数字版权产业等（Joo and Sohn，2008；Pouris and Inglesi-Lotz，2017；Yong et al.，2020；丁锦箫和蔡尚伟，2021），其具体概念内涵也存在细微差异，如图 2-1 所示。

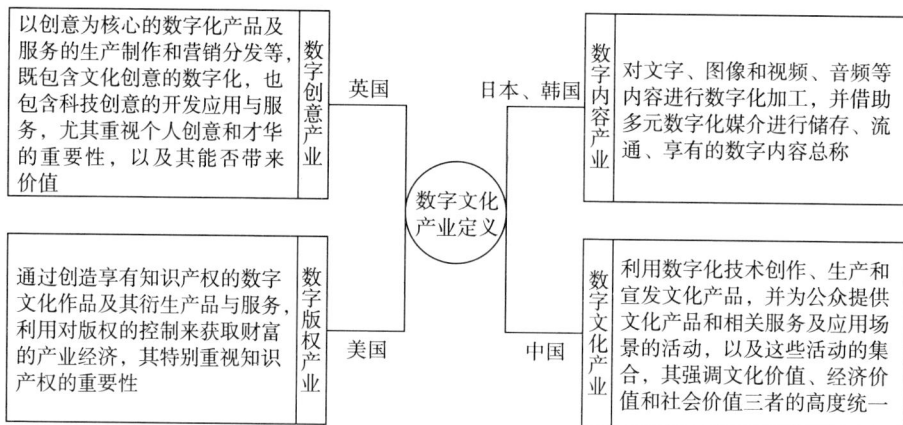

数字创意产业（英国）	数字内容产业（日本、韩国）
以创意为核心的数字化产品及服务的生产制作和营销分发等，既包含文化创意的数字化，也包含科技创意的开发应用与服务，尤其重视个人创意和才华的重要性，以及其能否带来价值	对文字、图像和视频、音频等内容进行数字化加工，并借助多元数字化媒介进行储存、流通、享有的数字内容总称
数字版权产业（美国）	数字文化产业（中国）
通过创造享有知识产权的数字文化作品及其衍生产品与服务，利用对版权的控制来获取财富的产业经济，其特别重视知识产权的重要性	利用数字化技术创作、生产和宣发文化产品，并为公众提供文化产品和相关服务及应用场景的活动，以及这些活动的集合，其强调文化价值、经济价值和社会价值三者的高度统一

图 2-1 典型国家数字文化产业定义

我国对数字文化产业的认识是一个逐渐丰富的过程，从 2000 年的萌芽到现阶段的全面重视，政商学等各界对其内涵、特征、表现形式和产业发展规律的把握随着时间的推移逐步加强（丁锦箫和蔡尚伟，2021）。2017年，原文化部在《关于推动数字文化产业创新发展的指导意见》中首次以官方名义明确数字文化产业概念，将其界定为"以文化创意内容为核心，依托数字技术进行创作、生产、传播和服务，呈现技术更迭快、生产数字化、传播网络化、消费个性化等特点，有利于培育新供给、促进新消费"的产业。学者们在此基础之上，从文化产业数字化转型（张振鹏，2022）、数字经济（宁楠和惠宁，2023）、数字技术应用（余宇新和李煜鑫，2023）等视角出发，或结合"智能+"（解学芳和张佳琪，2022）等特定现实背景对数字文化产业的内涵进行补充和深化。

综上所述，数字文化产业发展是实施文化强国战略的必要举措，也是建设数字中国的重要部署。本书认为数字文化产业是指利用数字技术对文化资源的创作、生产、传播、销售、服务、衍生、应用等各个环节进行创意重构，具有跨界融合深、产业边界广、业态模式新、迭代升级快、感知交互多等显著特点，且其特别强调经济价值、社会价值和文化价值三者的高度统一，是推动中国产业转型升级的重要引擎和数字经济中最具爆发力的关键增量。

二、知识产权

知识产权（IP）这一概念起源于欧洲，译自英文"Intellectual Property"，法律意义上是指人们就其智力创造的成果依法享有的专有权利。创意成果主要包括专利、版权和商标等。在"互联网+"的时代背景下，数字文化产业领域内谈及的 IP 则是以法律层面的概念为原点，生发出的更为丰富的定义内涵。IP 不再局限于小说、影视、游戏等文艺作品，它可以是一个概念、一个形象、一个故事（向勇和白晓晴，2017），甚至可以是多次创作成果或复合式的内容矩阵（王丹平和谢彦君，2024）。中国早期的 IP 实践是从网络文学出发，再经影视和游戏两大行业放大，后凭借流量聚合和情感共鸣得到进一步拓展，IP 发展至今已经转变成为更多体验形态，包括但不限于视听、周边、体感游戏、沉浸互动等。

学术界对于知识产权概念的解读呈现出多元化趋势，不同学者从各自的专业背景和研究视角出发，为 IP 赋予了不同的内涵和侧重点。杨新敏

（2016）从市场运作角度出发，强调了 IP 与资本之间的紧密联系。在此视角下，IP 不仅代表了某种创意或内容，更重要的是它背后的商业价值和市场潜力。通过合理的市场运作和商业开发，IP 能够转化为实际的商业利益，为商家创造可观的利润。向勇和白晓晴（2017）、韩飞等（2023）则更加注重 IP 的文化属性，指出文化属性是 IP 的内核，一个成功的 IP 必须能够表达出深刻的核心价值观，且这些价值观需要经得起市场的长期检验。这种文化属性的强调，使得 IP 超越了文化商业产品单一的经济属性。它不再仅仅被视为一种利益层面的市场产品，而是升华为更深刻的文化和社会现象。张妙（2022）将 IP 作为一种用户情感和需求的具象载体，指出 IP 商业化运作必须通过深入挖掘用户的情感需求和市场趋势，将 IP 与用户的情感需求紧密结合，才能实现 IP 价值的最大化释放。

综上所述，本书认为数字文化产业中提及的 IP 概念更多的是指数字文化产品及其相关服务中体现出来的拥有高共鸣、强变现、长周期等显著特征的文化符号。它依托用户情感生长，并借助多种媒介不断丰富和强化价值内核，使用规则不可脱离一般市场规律和无视知识产权法律意义。这是数字文化产业焕发生机的核心所在。

三、数字文化产业创新生态系统

创新生态系统的缘起是更好应对日益复杂的竞争环境，研究学者将自然生态系统的运行模式和治理机制应用到不同领域内的尝试（Moore，1993；Lansiti and Leven，2004）。新管理范式提出后迅速引起了各界人士的广泛讨论，经过数年发展，其具体内涵在不同情境之下存在差异，但仍体现出一些共性特征，如涉及利益主体复杂且广泛、与外部环境动态匹配、系统边界开放、系统要素共生演化等（陈健等，2016）。综合来说，创新生态系统是指多元异质主体围绕共同价值理念，与系统内外环境和内外资源进行动态交互从而形成的有机组织（Suseno et al.，2018）。聚焦到数字文化产业领域，数字文化产业创新生态系统不仅继承了创新生态系统的一般特性，如复杂性、开放性等（张培和刘世静，2023），而且表达出了一些与数字经济和文化产业紧密相关的独有属性，如技术赋能（张振鹏，2022）、IP 增值（何里文和马瑜彬，2020）等。这使该系统的价值共创研究不可直接套用基础产业创新生态系统范式，而是应额外关注这些特殊因素对主体共创产生的影响。

在共有特征方面，国内外学者普遍认同数字文化产业创新生态系统是由创新主体、中介服务机构和环境资源三大核心要素共同构建而成（Mirko and Patrik，2018）。这些要素在系统中形成了一个由中心向外围扩散的立体分层框架（何群，2018），彼此之间时刻进行着动态协同的演化过程。通过分解整合信息、共享数据、调配资源以及促进知识流动等基本功能，多元主体基于创新生态系统在竞合的动态平衡中实现共生（杨秀云等，2021）。

因为数字文化产业的行业范围仍处于不断优化之中，所以学者们通常是在以上共同认知基础上，选取典型行业对系统概念进行更深入的解读。例如，何群（2018）以电影、小剧场戏剧、网络文学等行业为例，指出系统涉及的创新主体会因细分行业不同而产生范畴、角色功能和互动方式等方面的差异，并概括总结了内向式、外向式和双向式三种运动并行的共创机制。解学芳和臧志彭（2016）提出网络文化产业创新生态系统由网民、网络文化企业、政府、媒体及行业协会等主体构成，且网民和网络文化企业是整个生态系统中最重要的两个创新主体。Tan 等（2020）以流行音乐行业为例，同样强调了用户群体在系统中的核心地位，并指出多元主体是在技术引领下开展多链式互动的。

综上所述，基于已有研究，本书借鉴陈健等（2016）的观点，从主体与要素、结构与边界、功能与目标三个方面对数字文化产业创新生态系统的内涵进行系统梳理，将其界定为：在数字技术的赋能下，数字文化企业、政府、消费者、高校、科研院所、中介服务机构等多元主体，通过相互间的合作及其与外部环境资源的协同演化，形成的以价值共创为目标、以协调创新为途径的复杂开放系统。

四、价值共创

价值共创概念由 Prahalad 和 Ramaswamy 于 2000 年首次明确提出，他们认为企业竞争优势的获得依赖于一种新的价值创造方法，即消费者和企业、供应商、合作商等主体共同创造价值。这一理念的提出，颠覆了传统观念中仅由企业这一单一主体创造价值的看法，更重要的是它将消费者这一特殊创新主体纳入价值网络体系中。

在此基础上，众多学者不断完善并持续深化价值共创的内涵。Prahalad 和 Ramaswamy（2004）在后续研究中进一步揭示互动是价值共创的基本实现方式，价值共创的中心和意义是满足消费者的个性化体验。Vargo 和 Lusch（2016）从服务主导逻辑角度出发对价值共创发表了新见解，再次明确消费者是价值的共同创造者，并提出 11 个基本假设作为消费者价值共创的基础。Grönroos（2011）认为价值共创是一个过程，它贯穿整个产品或服务的生命周期，即从产品的研发阶段开始，到生产、试验、传播、应用，最终实现产业化的全过程中，企业、消费者、中介组织等多元主体均参与了互动协作。Schau 等（2009）指出主体应关注彼此间不同层次的合作行为，通过信息共享、资源互补、知识交流等多样方式，突破主体间直接交互壁垒，重视主体同整个社会环境的交互，共同促进价值形成。Damali 等（2016）进一步拓展了价值共创的主体范畴，即从传统的企业、消费者、供应商等单一主体链式交互，拓展到更为广泛的生态系统视角下的多元主体网络交互。这些观点的共同点在于深切认同价值并非由单一主体创造，而是由多方主体在互动与合作中共同形成，并且它们一致强调消费者在价值共创过程中扮演着至关重要的角色，其需求和反馈直接决定了价值形成的方向和内容。

综合已有文献的研究成果，本书认为价值共创是指多方利益相关者以用户为中心，通过紧密协作，共同朝着统一价值主张方向努力前进，并最终实现互惠共赢的动态过程，它强调多方参与、用户导向、过程贯彻和协作共赢的重要性。

第二节　理论基础

一、数字经济理论

数字经济理论的发展是以传统经济理论为基础的变革，其理论极小部分继承了西方经典经济学理论，大部分是对传统经济理论的补充和拓展，以及对传统经济理论的突破（陈万钦，2020）。陈晓红等（2022）在详细阐释数字经济理论变革的作用机理之后，以数字经济理论发展中的重要科学问题为起点，以内涵特征、现实表现、核心理论和方法体系为逻辑，构建了一个相对完整的数字经济理论体系框架。在其所构建的理论体系框架基础之上，对相关文献进行更进一步的梳理整合后发现，数字经济理论是一个十分庞大的理论体系，它融合了新古典经济学、新制度经济学、管理学等多个领域的学科知识，以适应数字经济时代各产业发展的新特征和新需求。该理论核心内容包括经济增长理论、产业组织理论、消费者理论、现代产权理论、交易成本理论、创新管理理论、网络经济理论、数字经济治理理论等，具体理论的概念内涵如图2-2所示。增强对数字经济理论具体内容，尤其是其与传统经济理论的差异等理性认知，对有效指导数字经济的实践发展具有重要意义。

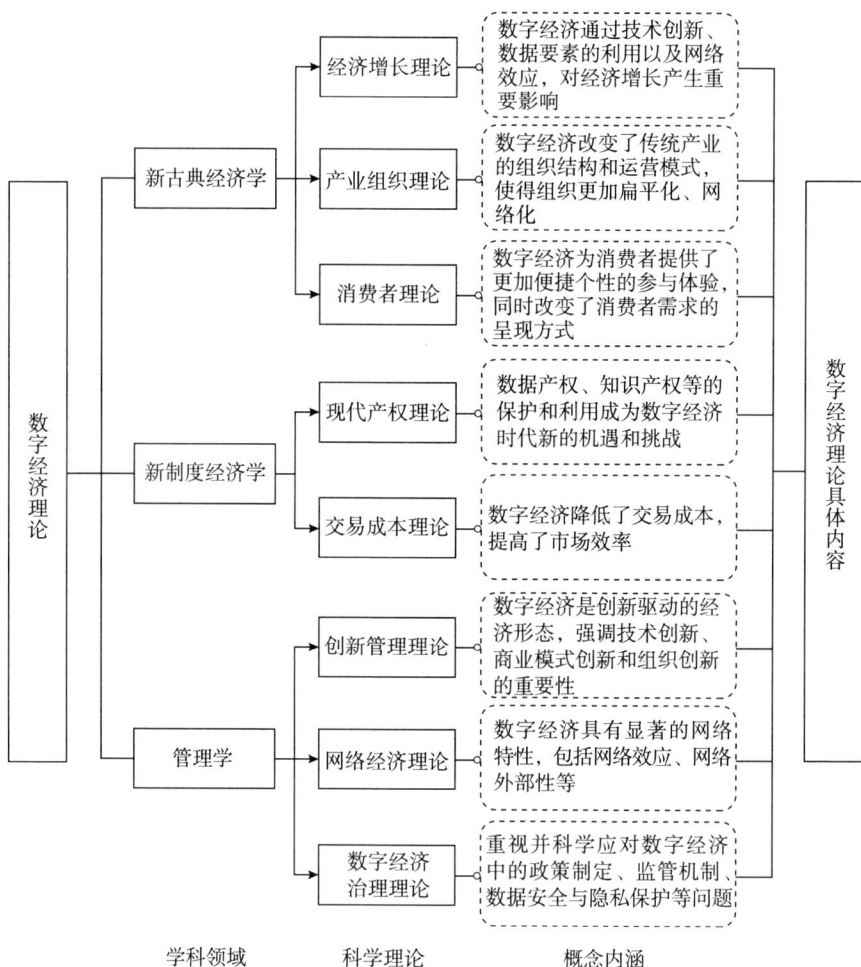

图2-2　数字经济理论核心脉络

数字经济理论的应用主要是和数字经济所涵盖的产业或细分行业相结合，即产业数字化领域是目前数字经济理论应用的主要阵地，例如李俊久和张朝帅（2022）以制造业数字化转型为例，深入研究了数字要素投入对中国制造业国际竞争力的影响，指出数字技术的广泛应用和深度融合不仅优化了制造业的生产流程和提高了产业的生产效率，还推动了制造业沿智能化、高端化、绿色化等方向发展，从而显著提升了中国制造业的国际影响力和竞争力。Azeem 等（2021）以工业数字化转型为例，详细阐述了机器学习等数字技术对于实现工业 4.0 的必要性和重要性，指出尽管工业数字化转型需要比正常流程投入更多的数字资本，但是其长期收益会远超初始投入成本。其他研究方向如数字产业化（Balcerzak and Pietrzak，2017）、数字经济测度（李烨等，2023）、数字经济政策（秦海波等，2024）等也正随着数字经济的繁荣发展、理论研究内容和应用场景逐步深入和不断拓展，为探索数字经济的新领域和新模式提供了更多的启示和借鉴。

二、创新生态理论

创新生态理论的研究渊源最早可以追溯到 Lundvall 于 1985 年提出的创新系统概念和 Moore 于 1993 年提出的企业（商业）生态系统概念。Lundvall（1985）率先使用"创新系统"一词强调组织与环境的动态关联问题，Moore（1993）则以自然生态体系的思想科学解释企业及其利益相关者的竞合关系，并在后续研究中进一步将企业生态系统界定为"具有一定利益关系的组织或者群体构成的动态结构系统"（Moore，1996）。随后，生态系统研究和创新系统研究递进发展并不断交织，2004 年美国总统科技顾问委员会（PCAST）在《维护国家的创新生态体系、信息技术制造和竞争力》的研究报告中正式提出创新生态系统概念。这种理论的交织融合体现出研焦点从单纯关注系统的要素构成，转向深入探究要素之间以及系统与环境之间的动态交互。这种转变凸显了创新生态系统的动态演化和自组织生长特征（曾国屏等，2013）。

创新生态理论的应用研究按照不同研究对象可划分成企业、产业、区域和国家四个子层次，应用范围则涉及生态学、经济学、管理学等多门学科，且已经呈现出不同学科交叉和相关理论融合的研究趋势（樊霞等，2018）。李其玮等（2016）将创新生态理论的应用研究划分为核心层（企业及其技术、知识和产品）、扩展层（产业、区域、国家）和衍生层（知识管理、开放式创新、螺旋理论等其他相关领域的关联性研究）三类，系统应用框架如图 2-3 所示。关于创新生态理论应用研究的主题演化规律，代表性成果为樊霞等（2018）提出的以可持续发展、开放创新、协同创新和价值创造为焦点的三个阶段。随着研究的持续深入与拓展，创新生态系统价值共创已成为目前的研究热点（张洪等，2021）。这一趋势不仅彰显了创新

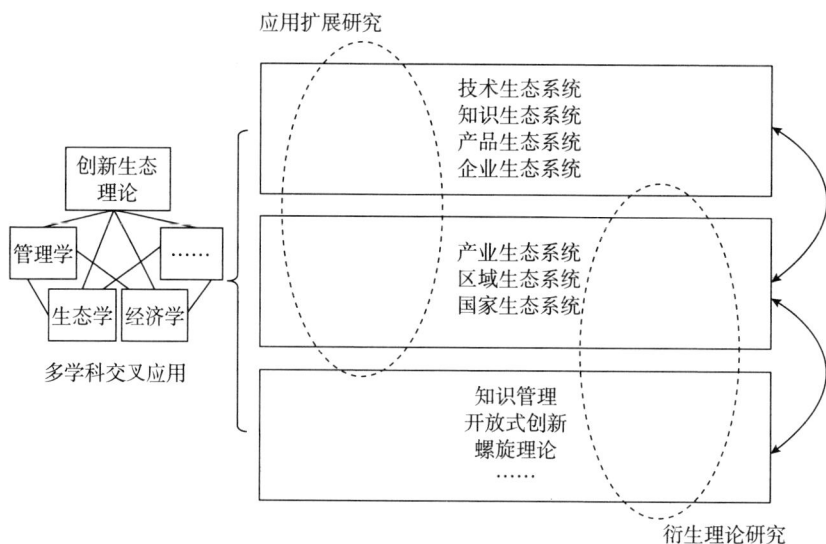

图 2-3　多层联动的创新生态理论应用框架

生态理论在应对复杂创新环境和解决实际问题方面的独特优势，更凸显了其在推动创新活动与发展中的核心作用。

三、价值共创理论

传统价值创造观点认为，企业是价值创造者，顾客是纯粹的价值使用者，二者完全独立（Normann and Ramírez，1993）。随着价值共创思想的萌芽，顾客角色开始发生转变，他们逐步参与到创造和决定价值的过程中来，价值共创的二元逻辑由此形成（Prahalad and Ramaswamy，2000）。在数字技术的推动作用下，不同主体之间的互动行为越加频繁，彼此间的交互过程也越加复杂，价值共创的主体范畴也由此拓展为更广阔的价值共创网络结构（Ramaswamy and Gouillart，2010），研究视角也由早期的顾客体验视角和服务主导逻辑视角拓展至服务逻辑视角，并衍生出了服务科学、服务生态系统等更宏观的研究视角（简兆权等，2016）。

价值共创理论对价值创造、资源集成、商业模式、消费者行为等主题研究产生了极大冲击，自提出起就迅速引起了学者们的关注和重视，发展至今已被广泛应用于农业、信息业、制造业、数字文化产业等多个学科领域。简兆权等（2016）从价值、共同和创造三个核心理念出发将现有研究进行分类，分别是创造了什么样的价值和为谁创造价值、价值共创的主体范畴和主体之间的互动关系、价值共创的过程和影响共创的驱动因素。张洪等（2021）运用文献计量法归纳出价值共创研究的知识体系，具体可分为价值共创的驱动因素、价值共创的模式与过程、顾客共创体验和价值共创的结果。根据以上研究成果，可将价值共创理论蕴含的核心科学问题归纳为互动主体是谁、主体之间的互动动机与方式是什么、内在参与机制有哪些、价值在共创过程中具体如何表现、最终产生了什么结果等系列核心问题，如图 2-4 所示。

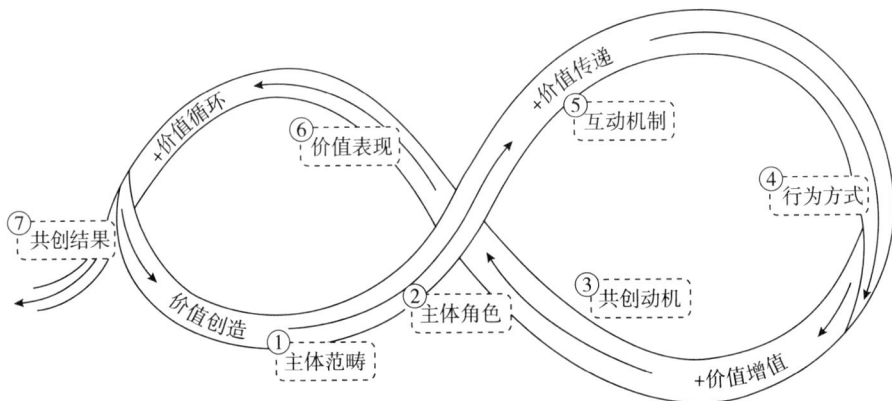

图 2-4　价值共创理论中的核心问题

基于文献的系统回顾发现，价值共创的研究经过近二十年的发展已经形成了较为丰富的体系，但仍存在以下不足：一是现有研究认可了消费者在共创实践中的主导作用，但基于消费者逻辑的价值共创研究有待丰富和深化，如进一步探讨消费者参与共创的途径、消费者在不同环节的角色演变、消费者能够通过哪些行为影响其他主体参与共创等问题。二是关于价值共创的研究多以质性研究展开，多数研究结果尚未采用定量分析加以论证，因此实证及量化研究需要学者们进一步探索。

第三节　国内外文献综述

一、数字文化产业创新生态系统价值共创的动因

数字文化产业创新生态系统价值共创的动因是一个多层次、多维度的

复杂问题，它涉及企业、消费者、中介服务组织、科研院所等多个主体，资源、文化、政策等多种因素以及它们之间的相互作用。

首先，从创新主体的角度来看，孙静林等（2023）从社会交换理论出发，提出创新生态系统中的利益主体参与共创出于不同动机，总体可归纳为自我利益、他人利益和共同利益，即一是希望通过参与共创实现自身的发展目标和利益最大化，二是希望通过合作和分享帮助其他主体实现共同发展，三是希望通过共同努力推动整个生态系统的繁荣和发展，共同获取更大化的价值。这与数字经济时代资源整合、知识共享和互动协作赋予文化产业价值共创的模式和路径相呼应（周锦，2022）。具体利益动机表现形式可以在某一具体行为中确定，比如，网文读者参与内容创作是为了通过发挥自己的想象力和创造力，更深入地融入故事中，从而获得独特的阅读体验（赵礼寿和马丽娜，2022）；文旅企业同文博机构合作是为了利用双方独有优势，打造具有独特文化内涵和特色的旅游产品，从而吸引更多的消费者关注和购买，进一步塑造和提升企业品牌价值（宋晓等，2022）；唱片公司同粉丝合作是为了帮助企业更好地了解市场需求和消费者喜好，制定更加精准的市场策略和推广计划，并且利用粉丝参与持续为音乐作品带来曝光度和话题度，进一步提升作品的知名度和影响力，以此达到增强公司主动权和获取更多经济效益的终极目标（Choi and Burnes，2013）。

其次，从外部环境的角度来看，张振鹏（2022）认为多元主体交互协作除了以上利益动机之外，还包括其他因素的影响助推作用，外部驱动因素包括产业政策、市场机会和技术创新，内部驱动因素包括企业拥有的 IP 资源和企业决策能力，并依据具体实践指出这些影响因素的任意组合都有可能驱动共创实践的发生。王庆（2023）通过剖析数字出版产业创新生态系统建设过程，指出政府政策、数字技术、产业项目、内容服务以及市场需求均对主体开展良性共创至关重要，并提出中国文化产业数字化战略的实施为多元主体基于文化生态的价值共创提供了新的机遇。在这些驱动因素中，产业政策、市场机会和技术创新为创新生态系统提供了发展的土壤和动力，系统内部的资源和能力则决定了其在创新生态系统中的竞争力和地位，这些因素相互作用、相互影响，共同推动了数字文化产业创新生态系统价值共创实践的发生。

最后，从二者交互的角度来看，Ma 等（2013）认为这些影响因素发挥作用的效用与强度各有差异，且彼此并非孤立存在，而是相互交织、相互影响，共同决定了价值共创的走向和成效。创新生态系统中的核心企业，作为引领者和协调者，需要敏锐及时地洞察各类影响因素的变化趋势，动态调整合作策略，从而促进价值网络的建构和持续优化。同时，这些驱动因素的交互协作会使创新生态系统中多元主体的共生模式产生相应变化，不同的共生模式也将为价值生成提供新的视角和实践路径（许立勇和周从从，2020）。

二、数字文化产业创新生态系统价值共创的过程

价值共创的实质是多元主体在充分发挥各自优势的基础上，通过高效交互与深度合作，共同推动全产业各个环节的创新与发展。这种共创实践不仅体现了产业链上下游的紧密协作，以及创新生态系统整体的高效运作，更凸显了不同主体之间灵活选择实现途径和共同追求价值最大化的智慧。

刘晓东（2017）提出的四类价值共创实现途径，为深入理解这一现象提供了有力的理论支撑。实现途径具体包括设计创作重构驱动的价值共创，强调以创新思维和独特设计引领产业发展，通过打破传统合作模式，重构组织合作架构；生产合作驱动的价值共创，注重产业链上下游企业间的协同合作，通过优化生产流程，达到提高生产效率、降低生产成本、实现价值共赢的多项目标；渠道合作驱动的价值共创关注的是营销渠道的拓展与优化，通过与其他企业或机构的合作，建立更广泛的渠道合作网络；终端消费者合作驱动的价值共创，是将消费者纳入价值共创的全过程中，通过深入了解消费者需求、建立互动关系，实现价值的最大化呈现。这一研究结论主要是从创新生态系统中的合作主体角度出发，也有部分学者是从由合作主体延伸出的关系网络出发，如周锦（2022）认为多元主体需要借助社群链接、数字驱动和平台融合最大限度地开展互动合作，由此形成了三条价值共创路径，分别是基于社交网络的互动路径、基于数据驱动的创新路径和基于服务平台的融合路径。Bhuiyan 等（2022）通过解构智慧文旅领域的价值共创过程，将其细分为售前、过程、后期三个阶段，不同阶段多元主体价值共创的关注点不同，最后共创成果也有所不同。

具象化到价值共创过程中的创新主体层面，可以发现对于具体共创主体而言，不同主体在参与价值共创时会采用各具特色的合作模式。这些模式不仅反映了主体的核心能力和资源优势，也揭示了价值共创的多样性和复杂性。例如，消费者可以通过动态性设置目标、把握限度、建立互动性联系三种策略与目标企业建立联系（Mukherjee and Venkatesh, 2008），从而达到充分表达自身需求的目的。数字文化企业可以通过企业并购、业务拆分和战略合作等方式与其他创新主体建立合作（张振鹏，2022），以此降低企业自身的运营成本和风险，促进产业链上下游相关主体的协同创新和共同发展。政府可以通过推进数字版权立法与数字文化企业、用户、平台服务企业等主体协同配合，充分发挥其在价值共创过程中扮演的引导和监管角色（杨秀云等，2021）。总之，在创新生态系统价值共创过程中，各个主体之间既存在竞争关系，也存在合作关系，无论他们通过哪种途径参与价值共创，都需基于用户价值串联形成一个紧密的协同网络，在竞合的动态平衡中实现共生。

三、数字文化产业创新生态系统价值共创的结果

在数字文化产业创新生态系统中，多元主体出于不同的动机，采取多样的方式实施价值共创，其共创结果也体现在多个层面，包括价值表现形式的转变、参与主体利益的影响以及对整个创新生态系统发展的推动作用。

首先，从价值表现形式来看，价值共创是一个动态演变的过程。厉无畏和王慧敏（2006）认为在研发阶段，创新思想和技术投入形成初始价值；进入销售阶段，通过市场营销和产品推广，这些价值得以固化和实现；而在体验阶段，消费者与产品的互动进一步提升价值，实现价值的增值和升华。鲍枫（2013）认为创意、制作、销售、服务与衍生品再造五个环节时刻产生价值，每个环节的价值传递过程又会发生协同增值，即价值的创造、传递、增值与循环其实在共创过程中的每一个细微环节都时刻产生，它是一个持续不断的协同增值过程。

其次，价值共创对参与主体的利益产生了深远的影响。无论价值形式如何演化，只要是共创，就必然会对参与主体的利益产生影响。对于消费者而言，他们通过参与价值共创，能够获得更加个性化、定制化的产品和服务，从而获得更佳的情感体验（Santoro et al.，2020）。这种体验不仅提升了消费者的满意度和忠诚度，还为他们带来了更多的社交和分享价值。对于企业而言，价值共创不仅提高了产品的创新能力和市场竞争力，还降低了生产风险和成本，提高了经济收益（Choi and Burnes，2013）。通过收集消费者的反馈和建议，企业可以更加精准地把握市场需求，优化产品设计和服务流程，实现可持续发展。对于整个产业中所涉及的各个共创主体

而言，价值共创可以为自身带来加速发展的新机遇（Lang et al.，2015）。例如，数字文旅平台的价值共创模式探究表明，构建具有价值共创功能的数字文旅平台可以推动文旅产业整体的提质升级，从而反推产业链上的各个主体进一步实现高质量发展和高价值获取（宋晓等，2022）。价值共创的结果可以视为一系列的连锁效应，如消费者获得更佳的情感体验之后会促使他们对企业品牌更加忠诚，带动更多用户购买该产品，企业由此实现更高盈利。

最后，价值共创对整个数字文化产业创新生态系统的优化升级也产生了积极的推动作用。在数字文化产业创新生态系统中，价值共创的实践促进了多元主体之间的紧密合作和资源共享。这种合作模式打破了传统的孤立和分割，使各个主体能够充分发挥自身优势，以此实现资源的优化配置和高效利用。通过深度合作，不同主体之间形成了协同创新的合力，共同推动数字文化产业的技术创新、模式创新和管理创新。同时，价值共创营造了一个开放包容、协同发展与和合共生的创新氛围。这种氛围鼓励各个主体之间进行思维碰撞、知识共享和经验交流，充分激发了主体的创新活力和创造潜力。在价值共创的过程中，各个主体不断探索新的合作方式和创新路径，共同推动数字文化产业创新生态系统的升级和发展。这种优化升级进一步推动数字文化产业创新生态系统朝着精细化、专业化和高端化的方向迈进，为数字文化产业的大繁荣和高质量发展提供有力支撑（刘晓东，2017）。

四、研究评述

通过对以上文献的整合梳理后可知，国内外关于数字文化产业和数字文化产业创新生态系统的概念及内涵的界定仍在不断探索。关于数字文化产业创新生态系统中的价值共创相关研究，也尚处起步阶段，其中的核心运行机制仍未阐释清晰。

总之，现有文献虽然为本书提供了一定的理论支撑，但是在数字文化产业创新生态系统价值共创机制的研究方面仍存在以下不足：一是学术界关于数字文化产业创新生态系统价值共创机制的研究大多基于基础产业创新生态系统的范式进行探讨。这种范式往往忽视了中国文化政策环境、文化消费市场和文化企业实践的特殊性分析，导致现有研究针对性不足。中国文化产业具有独特的文化背景、政策导向和市场特点。因此对于价值共创机制的研究应当更加关注这些特殊因素，以更准确地揭示数字文化产业创新生态系统的运作规律和多元主体之间的合作规律。二是现有研究在内容上过于零散，未以一个完整的逻辑路径或统一的分析框架考量价值共创机制问题。这使多元主体在价值共创过程中的关键机制和内在联系尚不清晰。因此为了更全面地理解价值共创机制，需要构建一个系统的理论分析框架，将各个要素和环节有机地联系起来，揭示它们之间的相互作用和影响效应。三是目前的研究方法以理论分析和案例研究为主，虽然这些方法具有一定的参考价值，但所得的研究结果仍需进一步的实证论证来增强其说服力和可靠性。因此，为了更准确地评估价值共创机制的影响效果和内部的耦合效应，需要运用实证研究方法，收集相关产业数据进行统计分析，以验证理论模型的适用性和有效性。此外，对于价值共创内在机制的部分实证研究不够深入，只关注了单一影响因素对价值共创的作用，却忽视了在动态复杂的创新生态系统背景下，多重影响因素与价值共创之间的耦合效应。

综上所述，为了更深入地研究数字文化产业创新生态系统价值共创机制，需要充分考虑中国文化产业的特殊性，构建一个完整的逻辑路径和统一的分析框架，并采用定量分析方法加以论证。鉴于此，本书立足于中国数字文化生态发展情境，从数字文化产业创新生态系统核心主体视角切入，遵循"驱动因素—行为模式—共创结果"的完整过程逻辑，构建价值共创机制理论模型，解读价值从 0 到 1 再到 n 的螺旋式循环过程，并采用定性与定量相结合的分析方法，对所构建的价值共创机制理论模型，利用组态分析方法加以论证，探讨多重驱动因素和多样行为模式对促进和实现价值共创的深层关系，探寻提升系统价值共创水平的多维耦合路径。

第四节　本章小结

　　本章是理论基础与文献综述。首先，阐释了"数字文化产业"、"知识产权"（IP）、"数字文化产业创新生态系统"、"价值共创"四个核心概念并对其进行了界定；其次，介绍了数字经济、创新生态和价值共创三个理论的主要内容，给予本书足够的理论支撑；最后，回顾了国内外关于数字文化产业创新生态系统价值共创的动因、过程和结果的相关研究，在现有文献评述的基础上提出了本书研究问题。

第三章 中国数字文化产业创新生态系统现状分析

第二章通过对数字文化产业创新生态系统价值共创的相关概念和理论进行全面的整理和概括，指出了现有研究的不足之处，并在此基础上，针对理论短板提出了本书的研究方向。本章将对中国数字文化产业创新生态系统的发展现状进行测度评价，以揭示在实践层面上研究多元主体价值共创机制的重要性和必要性。

第一节 数字文化产业发展现状

一、产业规模

中国数字文化产业规模是指中国数字文化产业发展所涉及的各个领域的经济总量。数字文化产业是以文化创意内容为核心，通过数字技术进行创作、生产、传播和服务的新兴产业。由于产业所涉及的细分领域的行业范围每年都在变动，因此对其进行准确的衡量和统计具有挑战性。故研究采用国家统计局统计的全国规模以上文化企业的营业收入数据和文化产业占 GDP 比重数值，对中国文化产业规模进行衡量，从宏观角度把握文化产业的整体发展趋势，然后通过数字文化产业占文化产业比重的变化趋势，分析数字文化产业的发展趋势（见图 3-1）。

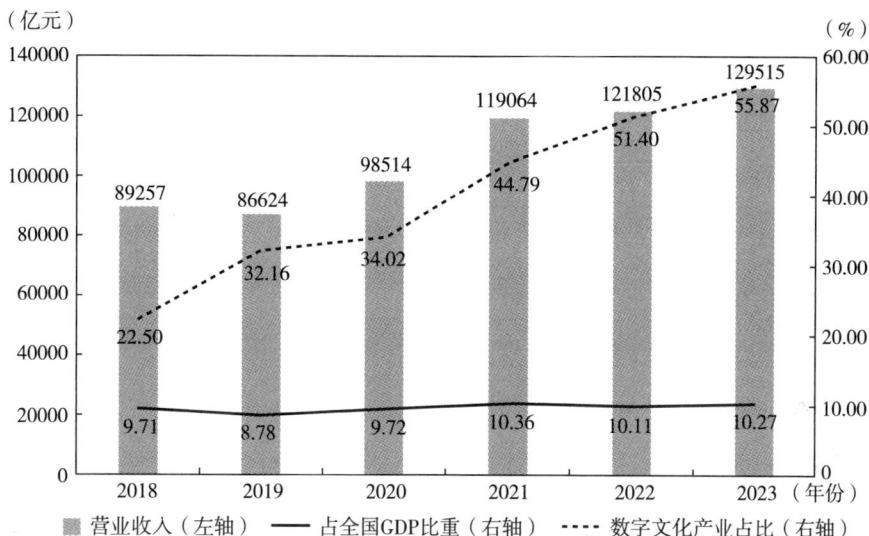

图 3-1　2018~2023 年全国规模以上文化企业营业收入及占 GDP 比重、数字文化产业占比情况

由图 3-1 中数据可知，自 2019 年起中国文化产业的营业收入总值持续上升，同时占全国 GDP 的比重也逐年增加，尤其是 2021~2023 年文化产业营业收入总值实现了显著增长。这一飞跃式的进步充分证明了文化产业在中国经济中的地位日益凸显，其正成为推动经济增长的重要引擎。

另从图 3-1 中可以看出，中国数字文化产业占文化产业的比重不断上升，数字文化产业在中国文化市场中的地位正在逐渐提升。这一趋势的背后是数字技术、互联网、人工智能等新兴科技的快速发展，为数字文化产业提供了强大的技术支持和广阔的市场空间。数字文化产业以其独特的创新性、灵活性和广泛覆盖面，逐步成为推动文化产业发展的主导力量。2023年数字文化产业高达55.87%的占比可以充分证明这一论断。同时，数字文化产业还具有高度的融合性和渗透性，它可以与其他产业进行深度融合，推动文化产业与科技、制造、服务等产业的融合发展。这种融合不仅可以促进文化产业自身的转型升级，也可以推动相关产业的发展和提升，进一步体现了中国数字文化产业的重要性和发展潜力。从占比不断上升的趋势和产业实际发展状况进行判断，可以推测出数字文化产业将在未来发挥更大的作用，成为推动中国经济持续增长的关键增量。

二、产业结构

数字技术的广泛应用为文化产业提供了前所未有的发展机遇，推动了文化产业向数字化、智能化和网络化快速发展，并由此催生出多种全新的业态模式。根据数字化、智能化、网络化三大鲜明特征，中国目前将广播电视集成播控、互联网搜索服务、互联网其他信息服务、数字出版、其他文化艺术业、动漫与游戏数字内容服务、互联网游戏服务、多媒体和数字出版软件开发、增值电信文化服务、其他文化数字内容服务、互联网广告服务、互联网文化娱乐平台、版权和文化软件服务、娱乐用智能无人飞行器制造、可穿戴智能文化设备制造、其他智能文化消费设备制造共16个行业小类划为新业态特征明显的文化产业。鉴于数字文化产业的行业范畴正处于持续优化和扩充中，因此这16个行业小类作为数字文化产业的重要组成部分，其产业发展趋势在一定程度上可以反映数字文化产业的整体特点和产业结构的变动过程，具体发展态势如图3-2所示。

（亿元）　　　　　　　　　　　　　　　　　　　　　　　　（％）

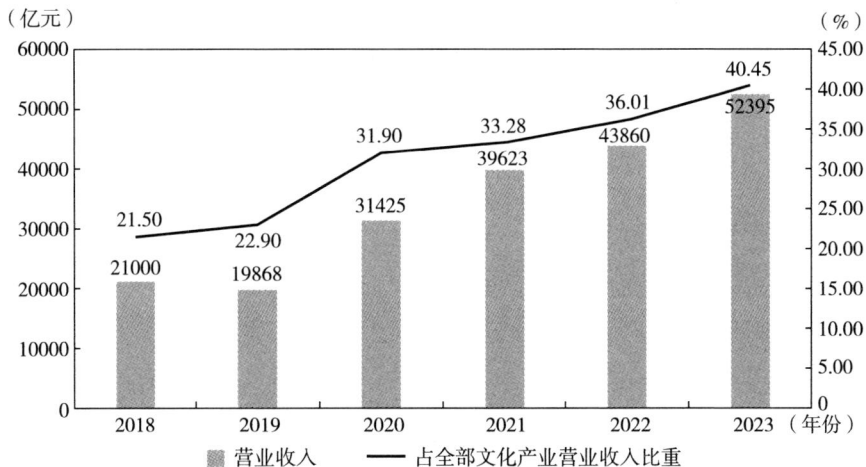

图 3-2　2018~2022 年 16 个行业小类营业收入及占

全部文化产业营业收入比重情况

由图 3-2 可以看出，文化新业态特征较为明显的 16 个行业小类营业收入自 2019 年起实现了快速增长，同时此类行业的营业收入占全部文化产业营业收入的比重已经稳定突破 30%，2023 年这一数值更是达到了 40.45%，这充分证明我国文化产业的转型升级和结构优化的进程正在不断推进。16 个行业小类的营业收入持续增长，显示了文化产业在适应新的市场需求、提升服务质量、创新商业模式等方面的出色表现。这种发展不仅体现出文化产业自身的活力和潜力，也表明文化产业在数字化、智能化、网络化等新兴技术的发展驱动下，正在实现深度的转型升级。

在结构优化方面，这 16 个行业小类的崛起和发展进一步体现了文化产业正在从传统的以制造业为主导的模式，向以创新、创意、数字化为主导的新模式转变。这种转变不仅使文化产业能更好地满足消费者不断升级的新型数字文化需求，也使其能够适应全球化的趋势，在国际市场上更有效地推广和传播中华文化。同时，这种结构优化也体现在文化产业与其他产业的融合发展上，比如互联网文化娱乐平台的发展融合了互联网、多媒体、影音娱乐等多个领域，通过提供多元化的文化内容和服务，带动相关产业的发展，进一步拓展文化产业的市场空间和增长潜力。

三、产业发展机遇

数字文化产业发展机遇广泛，涉及政策支持、技术创新、市场扩张、跨界融合等多个方面。

首先，最突出的机遇是国家实施的《文化产业振兴计划》，这为数字文化产业的发展提供了有力的政策支持。该计划明确了数字文化产业的重要地位和发展目标，通过制定一系列有利于产业发展的政策措施，帮助创新主体获得更多的资金支持、政策优惠和资源整合机会。随着共建"一带一路"和"文化走出去"的推进，数字文化产业可以充分借助国际交流平台，进一步扩大市场规模和培育发展新业态。

其次，技术进步也为数字文化产业带来了重大机遇。随着5G、物联网、人工智能等数字技术的广泛应用，数字文化产业将形成更加高效的生产和传播方式，提高文化产品的质量和用户体验。新技术的变革发展将推动数字文化产业更高质量和更高维度上的转型升级，为产业发展注入源源不断的创新活力。

再次，消费者的需求变化也为数字文化产业提供了广阔的市场机遇。随着人们生活水平的提高和消费观念的转变，消费者对文化产品的需求越来越多元化和个性化。数字文化产业可以通过大数据分析和精准营销等方式，更好地满足消费者对个性化、多样化的文化需求，从而提高市场占有率和建立产业竞争优势。

最后，文化资源内在的跨界融合特性也为数字文化产业带来了重要的发展机遇。数字文化产业具有广泛的跨界融合和产业链延伸的能力，通过与其他产业领域创新主体的协同合作，进而形成全新的商业模式和产业链条。这种跨界融合和产业链延伸不仅有助于数字文化产业的快速发展，也为相关产业提供了新的经济增长点。

四、产业发展挑战

在数字文化产业的繁荣发展中，除了存在众多发展机遇，也存在诸多挑战。

一是技术更新换代快速。随着科技的迅猛发展，数字文化产业所依赖的技术手段不断更新迭代，从传统的计算机技术到如今的云计算、大数据、人工智能等前沿技术，每一项新技术的出现都带来了产业格局的深刻变革。在此背景下，企业不仅要具备敏锐的市场洞察力和技术前瞻性，还需要不断投入研发资源，紧跟技术潮流，保持竞争优势。

二是内容创新难度高。数字文化产业的核心是文化内容和创意。在数字时代，内容的创新不仅要考虑文化价值和审美标准，还要结合新技术特点，使其具有吸引力和互动性。这要求创新主体具备深厚的文化素养和前瞻性的创新思维，始终确保数字文化产品所传递的核心价值观是创新的、积极的和符合市场需求的。

三是文化差异和消费习惯。有效应对文化战争不仅意味着保证国内文化市场的高质量运行，还要求本土企业敢于开拓海外市场，积极承担中国文化传播者的使命。然而，不同国家和地区的文化差异和消费习惯不同，这使数字文化产业必须深入研究目标市场的文化特点和消费习惯，进行精准的市场定位和产品策划。

四是版权保护和知识产权纠纷问题。数字文化产品往往涉及知识产权和版权问题。由于数字技术的复制和传播特性，盗版和侵权行为在数字文化产业中尤为突出，难以杜绝。因此建立健全版权保护制度和知识产权法律体系，维护市场秩序，保护创作者权益，是数字文化产业健康发展的关键。

五是法律法规滞后。数字文化产业作为新兴产业，其发展速度和广度都超出了传统产业的范畴，因此政策和法规的制定和完善往往需要一定的时间。在这个过程中，产业发展可能存在一些法律法规的空白地带，导致一些新兴业态和商业模式在法律上缺乏明确的指导和规范，这不仅增加了企业的经营风险，也可能影响产业的健康发展。

第二节　数字文化产业创新生态系统建设水平测度

一、测量维度

数字文化产业创新生态系统建设水平测量维度借鉴刘会武等（2021）的研究成果，并结合该系统显著特征，从创新性、开放性、融合性、协同性、健康性五个维度构建测量指标体系。创新性是创新生态系统的首要特征，也是系统可持续发展的核心引擎。利用专利申请数量表征产业创新性能力是目前使用最广泛的测量方法。此外，创新主体数量和研发投入强度可以在一定程度上代表系统创新能力。开放性是指系统通过组织开放、资源开放、环境开放等渠道时刻进行物质、信息、能量的交换，交换过程中涌现的新创意会作用于系统使其形成更完善的功能结构。融合性是指文化产业借助数字技术与其相关产业，例如工业、制造业、服务业相互渗透，融合发展而成的新经济形态。"数字文化+"式产业融合已成为实现文化生态更深层次和更高价值发展的数字化新阵地，同时也是数字文化产业创新生态系统有别于其他产业创新生态系统的一大显著特征。协同性是指系统主体在整个价值互动过程中始终保持方向一致的协调与合作。对于系统而言，协同一致的交互行为可以形成产业发展的最大拉动力，保证系统朝着积极有序的方向发展。健康性是创新生态系统保持良好发展的基础，可以从成长力、抵抗力和恢复力三个方面判断系统是否具备一定的发展基础、抗风险性和自我疗愈的功能。衡量系统健康性是为了及时发现问题并针对改进，以此创建和维护一个良好状态下的增长模式。

每一维度的测量因子首先根据现有产业创新生态系统评价体系研究中的成熟量表进行初步确定，其次结合数字文化产业发展实际和数据可得性原则对指标进行筛选，最后依据专家意见严格规范指标，形成 5 个一级测量维度、12 个二级测量因子、17 个三级实测指标的测量指标体系，具体内容详见表 3-1。

表 3-1　数字文化产业创新生态系统建设水平测量指标体系

测量维度	测量因子	实测指标	指标编号	指标解释
创新性	创新主体	数字文化产业从业人员	X_{a1}	反映系统创新潜力，创新主体数量越多代表系统越有可能产出有价值的成果
	研发投入	R&D 经费与营业收入之比	X_{a2}	反映主体对创新活动研发的投入强度
	创新成果	有效发明专利申请数量	X_{a3}	反映主体创新能力的实际有效转化程度

测量维度	测量因子	实测指标	指标编号	指标解释
开放性	组织开放	文化企业、中介服务机构、科研院所、高校数量总和	X_{b1}	反映系统创新主体多样程度，主体越多元代表系统越包容越开放
	资源开放	专利授权总数	X_{b21}	反映系统内外部知识产权开放共享程度，总数越大代表资源流通越快
		版权引进与输出总数	X_{b22}	
	环境开放	文化产品进出口总额	X_{b3}	反映对外贸易规模，总额越大代表系统内外市场交流越广泛
融合性	生态关联性产业国内生产总值	文化辅助生产和中介服务占GDP比重	X_{c1}	反映文化产业与其相关产业的关联程度，研究以文化产业与制造业、消费品工业、现代服务业三大重要领域融合发展情况为代表
		文化装备生产占GDP比重	X_{c2}	
		文化消费终端生产占GDP比重	X_{c3}	
协同性	合作项目	签约、开工、投产项目总数	X_{d1}	反映系统主体交互程度，项目总数数额越大代表主体间合作越广泛
	集群组织	文化产业创意园区数量	X_{d2}	反映系统主体聚合程度，园区数量越多代表主体合作广泛越密切
健康性	成长力	营业收入增加值	X_{e1}	反映系统盈利能力，收入增长代表系统持续发展
	抵抗力	规模以上企业数量	X_{e21}	反映系统核心主体数量，企业数量越多，组织网络越复杂
		版权合同登记数	X_{e22}	体现知识产权的拥有量，数目越大代表系统管理越规范
	恢复力	固定资产投资额	X_{e31}	反映系统内部财政资源支撑力度
		居民人均文化消费支出	X_{e32}	反映市场需求程度，支出数额越大代表产业市场越活跃

二、数据来源

考虑到中国自 2013 年起正式发布文化产业相关数据指标，且部分指标数值一般延后两年发布，故本书选取 2014~2022 年中国产业数据作为研究对象开展实证研究，以此了解数字文化产业快速发展时期的创新生态系统动态变化过程。同时，为了对当前中国整体文化生态建设水平拥有更清晰深刻的认知，本书另外收集了 2022 年中国 31 个省份（不包括香港、澳门、台湾，下文同）的产业数据，分省份分区域进行数字文化生态建设水平测度评价。依照数字文化产业创新生态系统建设水平测量指标体系，主要通过以下渠道收集相关指标数据：《中国统计年鉴》、《中国文化产业及相关产业统计年鉴》、各省份统计年鉴、《文化和旅游发展统计公报》、《中国经济普查年鉴》，以及国家统计局、国家版权局、文化和旅游部、各省份文化和旅游厅（局）等官方网站信息。对于个别缺失数据根据数据平滑性进行填补。

三、测度方法

首先，对原始数据进行数据标准化处理。由于体系中各指标数据单位不同，且数量级间存在较大差异，若直接使用原始数据进行综合评价，数据变化范围大的指标，其对结果的绝对影响作用会较大。因此需要对数据进行标准化处理，将原始数据转化为无量纲的纯数值，以此比较不同指标之间对结果的相对影响作用。本书采用极差标准化法处理数据，由于测度体系中的各项指标均为正向指标，故数学模型为：

$$Z_i = \frac{X_i - X_{\min}}{X_{\max} - X_{\min}} (i = 1, 2, 3, \cdots, n) \tag{3-1}$$

式中：Z_i 为数据标准值，X_i 为数据原始值，$X_{\max}$ 为原始数据组中的最大值，$X_{\min}$ 为原始数据组中的最小值。通过极差标准化法处理之后，2014～2022 年各指标标准化数据的具体数值如表 3-2 所示。

表 3-2　标准化数据（2014～2022 年）

指标编号＼年份	2014	2015	2016	2017	2018	2019	2020	2021	2022
X_{a1}	0.067	0.155	0.301	0.602	0.639	0.841	0.855	1.000	0.067
X_{a2}	0.074	0.187	0.324	0.466	0.604	0.749	0.809	1.000	0.074

续表

指标编号 \ 年份	2014	2015	2016	2017	2018	2019	2020	2021	2022
X_{a3}	0.100	0.141	0.194	0.422	0.406	0.731	0.745	1.000	0.100
X_{b1}	0.100	0.165	0.283	0.512	0.487	0.749	0.936	1.000	0.100
X_{b21}	0.136	0.169	0.264	0.401	0.459	0.731	0.847	1.000	0.136
X_{b22}	0.280	0.489	1.000	0.665	0.996	0.445	0.536	0.588	0.280
X_{b3}	0.195	0.000	0.133	0.210	0.344	0.304	0.571	1.000	0.195
X_{c1}	0.095	0.553	1.000	0.889	0.778	0.714	0.843	0.967	0.095
X_{c2}	0.344	0.443	1.000	0.609	0.348	0.604	0.822	0.704	0.344
X_{c3}	0.936	0.880	0.128	0.556	0.877	0.665	0.776	0.882	0.936
X_{d1}	0.248	0.303	0.451	0.545	0.498	1.000	0.502	0.502	0.248
X_{d2}	0.000	0.053	0.073	0.134	0.512	0.312	0.478	1.000	0.000
X_{e1}	0.097	0.224	0.391	0.597	0.712	0.733	0.833	1.000	0.097
X_{e21}	0.158	0.396	0.641	0.625	0.684	0.803	0.913	1.000	0.158
X_{e22}	0.558	0.799	0.891	1.000	0.991	0.147	0.436	0.079	0.558
X_{e31}	0.086	0.266	0.413	0.710	0.949	0.968	0.977	1.000	0.086
X_{e32}	0.681	0.823	1.000	0.921	0.996	0.000	0.273	0.273	0.681

同样，对 2022 年中国 31 个省份的各指标数值按极差标准化法进行处理，处理后得到的标准化数据（部分）如表 3-3 所示。在收集关于 2022 年中国 31 个省份融合性维度上的测量指标数据时，鉴于各地仅公开了总体数值，即生态关联性产业国内生产总值，因此表 3-3 中仅收录这一总值数据的标准化数据值，即指标编号为 X_c 的数据数值。

表 3-3　标准化数据（2022 年中国 31 个省份数据）（部分）

指标编号	北京	天津	河北	山西	内蒙古	辽宁	吉林	黑龙江	上海	江苏	浙江
X_{a1}	0.355	0.050	0.164	0.060	0.028	0.085	0.024	0.028	0.197	0.691	0.411
X_{a2}	1.000	0.027	0.011	0.003	0.001	0.015	0.002	0.001	0.492	0.335	0.168

续表

指标编号	北京	天津	河北	山西	内蒙古	辽宁	吉林	黑龙江	上海	江苏	浙江
X_{a3}	0.092	0.091	0.123	0.006	0.003	0.021	0.003	0.004	0.308	1.000	0.370
X_{b1}	0.364	0.038	0.077	0.022	0.009	0.074	0.014	0.012	0.261	0.681	0.384
X_{b21}	0.143	0.035	0.045	0.012	0.007	0.029	0.015	0.018	0.108	0.227	0.275
X_{b22}	0.223	0.088	0.502	0.842	0.081	0.260	0.300	0.125	0.414	1.000	0.788
X_{b3}	0.107	0.108	0.092	0.025	0.019	0.103	0.016	0.019	0.410	0.587	0.419
X_{c}	0.467	0.124	0.277	0.131	0.114	0.193	0.085	0.092	0.449	0.863	0.573
X_{d2}	0.527	0.034	0.277	0.196	0.223	0.162	0.099	0.084	0.356	0.664	0.606
X_{e1}	0.853	0.047	0.068	0.084	0.058	0.173	0.021	0.037	0.482	0.717	1.000
X_{e21}	0.604	0.053	0.137	0.057	0.053	0.096	0.014	0.024	0.380	0.801	0.721
X_{e22}	0.502	0.091	0.126	0.032	0.013	0.074	0.021	0.022	0.346	0.924	0.541
X_{e31}	1.000	0.037	0.026	0.001	0.001	0.022	0.027	0.014	0.159	0.233	0.042
X_{e32}	1.000	0.070	0.075	0.041	0.011	0.045	0.020	0.009	0.565	0.826	0.663

　　其次，计算指标权重。本书采用熵权法得到各指标权重值 w_j，$j=1$，2，3，$\cdots$，n。测量指标具体权重系数值详见表3-4。

表3-4　测量指标权重系数值　　　　单位:%

测量维度	权重	测量因子	权重	实测指标	权重
创新性	19.8	创新主体	6.91	数字文化产业从业人员	6.91
		研发投入	6.57	R&D经费与营业收入之比	6.57
		创新成果	6.32	有效发明专利申请数量	6.32
开放性	20.88	组织开放	5.59	文化企业、中介服务机构、科研院所、高校数量总和	5.59
		资源开放	9.48	专利授权总数	5.46
				版权引进与输出总数	4.02
		环境开放	5.81	文化产品进出口总额	5.81

续表

测量维度	权重	测量因子	权重	实测指标	权重
融合性	19.76	生态关联性产业国内生产总值	19.76	文化辅助生产和中介服务占 GDP 比重	5.22
				文化装备生产占 GDP 比重	7.25
				文化消费终端生产占 GDP 比重	7.29
协同性	18.66	合作项目	8.93	签约、开工、投产项目总数	8.93
		集群组织	9.73	文化产业创意园区数量	9.73
健康性	20.9	成长力	4.93	营业收入增加值	4.93
		抵抗力	8.27	规模以上企业数量	3.76
				版权合同登记数	4.51
		恢复力	7.7	固定资产投资额	4.14
				居民人均文化消费支出	3.56

最后，综合评价。本书在数据标准值和指标权重值的基础之上，采用线性加权综合法得出 2014～2022 年各年度数字文化产业创新生态系统建设水平的总体得分和各维度得分，以及 2022 年 31 个省份的数字文化生态建设水平的总体得分。其数学模型如下：

$$x_i = \sum_{j=1}^{m} Z_{ij} w_j \ (i = 1, 2, 3, \cdots, n; \ j = 1, 2, 3, \cdots, n) \qquad (3-2)$$

式中：x_i 为数字文化产业创新生态系统建设水平结果值，w_j 为权重值，Z_{ij} 为数据的标准值，m 为评价指标的个数。

第三节　数字文化产业创新生态系统建设水平评价

一、整体评价

按照上述测度方法和测度步骤对所收集到的统计数据进行严格处理，

获得2014~2022年各年度数字文化产业创新生态系统建设水平的综合水平值，具体数值如图3-3所示。

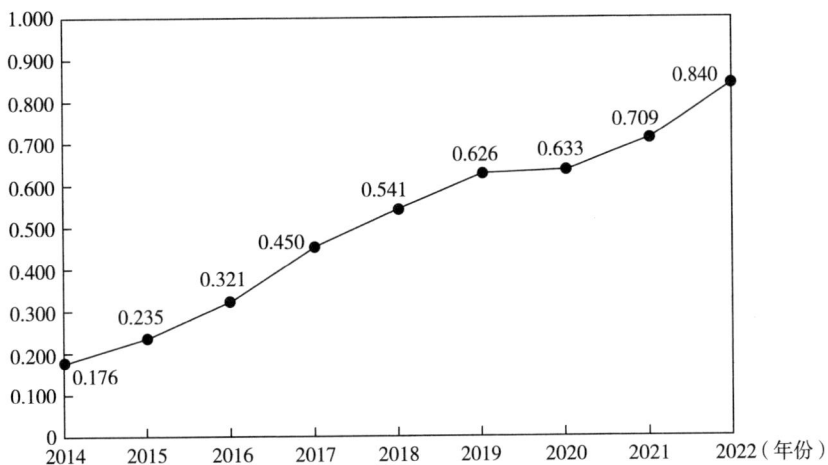

图3-3 2014~2022年数字文化产业创新生态系统建设水平

由图3-3可知，2014年为数字文化产业创新生态系统建设初期，经过9年的演化，系统各要素各功能各结构不断被完善优化，使得数字文化生态逐步朝着更高建设水平的方向进化。整体而言，数字文化生态建设水平一直处于上升状态，其中2016年至2019年增速较快，这主要是因为2016年12月数字文化产业首次被纳入国家战略性新兴产业发展规划中，这一信号的公布迅速将产业推至经济发展的新高峰。同时由国务院印发的《"十三五"国家战略性新兴产业发展规划》中明确提出"推进数字创意生态体系建设"，并确立数字文化产业的整体布局和发展方向，为数字文化生态构建与完善提供了关键指引。2017年后，在产业政策和数字技术的双重推动作用下，数字文化生态建设水平再次得到快速提升。2020年数字文化生态建设水平增速放缓，这主要是因为中国整体社会经济发展受到了新冠疫情带来的严重冲击。但是在此期间，云旅游、云看展、共享创作等新业态持续产生，云端文化产业发展态势强劲，因此在一定程度上平衡了由疫情造成的产业冲击，稳住了文化生态体系总体的建设发展。

二、维度评价

按创新性、开放性、融合性、协同性、健康性五个系统特征维度进一步对数据处理分析，得出 2014～2022 年数字文化产业创新生态系统各维度建设水平的评价值，结果详见表 3-5。

表 3-5　2014～2022 年数字文化产业创新生态系统维度评价值

年份	创新性	开放性	融合性	协同性	健康性
2014	0.00020	0.04535	0.10841	0.00906	0.01311
2015	0.01586	0.03561	0.09815	0.02213	0.06370
2016	0.03186	0.03811	0.12517	0.03229	0.10231
2017	0.05436	0.07817	0.13403	0.04740	0.13621
2018	0.09890	0.08948	0.13106	0.06167	0.16025
2019	0.10949	0.11234	0.12975	0.09423	0.18027
2020	0.15353	0.11728	0.12958	0.11965	0.11304
2021	0.15932	0.15329	0.16017	0.09138	0.14524
2022	0.19800	0.19224	0.16582	0.14217	0.14159

通过表 3-5 中数据结合系统特征维度建设水平雷达图（见图 3-4）可以直观看出，总体上，数字文化产业创新生态系统的综合建设水平在逐年稳定上升，且自 2014 年建设初期以来已经取得了显著进步。然而，从单个维度来看，系统建设存在着显著的优劣势差异。如果以"1"作为评判系统各维度建设的最佳状态，那么当前中国数字文化产业创新生态系统的每一

维度都存在很大的不足，尤其是在系统协同性建设水平方面表现尤为突出。

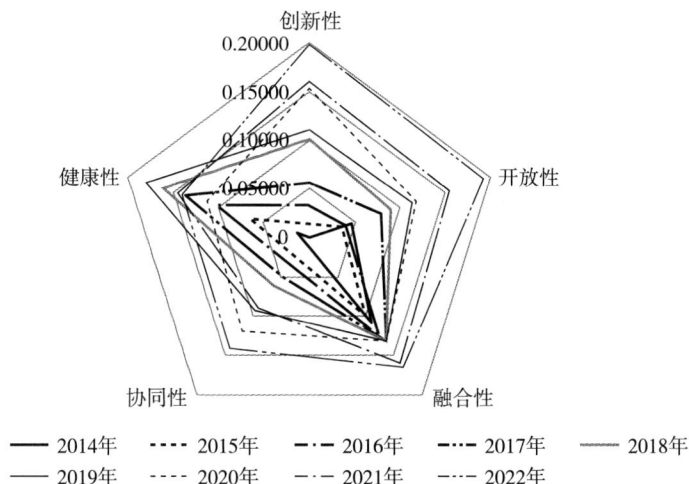

图 3-4　2014～2022 年数字文化产业创新生态系统维度建设水平雷达图

在创新性维度，系统的建设水平呈现逐年快速上升的趋势。这一上升趋势主要缘于数字技术在文化产业发展中的战略支撑作用逐步显现，系统主体积极拥抱新技术，将其应用于流程、功能、结构等各个环节，为系统建设带来了新的发展机遇，极大地推动了产业的创新提升。数字技术赋能文化产业，不仅拓展了文化产业的创新空间，也为整个行业的可持续发展注入新的创新动力。

在开放性维度，2014～2016 年水平值在 0.04 上下浮动，随后逐年稳定上升。这表明系统前期的建设策略更侧重于体系内部的标准确立和优化，而对外部的连接和协作重视程度相对较低。一方面，2016 年底颁发的《"十三五"国家战略性新兴产业发展规划》中强调通过积极"引入全球资源""打造合作新平台""构建全球创新发展网络"等措施拓展合作新路径，为数字文化生态的优化发展指明了新方向。另一方面，随着系统复杂性和规模的不断增加，单纯依靠内部资源已经无法满足主体需求。因此系统主体开始积极主动地寻求与外部系统的连接和集成，使系统的开放性得到了极大的提升。

在融合性维度，2014年初期便处于较高水平值，随后产生浮动，整体上呈现上升趋势。这得益于文化资源内在的强转化性，文化产业和其他相关产业能借助产业融合提高产品价值，增强市场竞争力和培育竞争新优势，例如文化产业与科技产业的融合，数字技术的快速发展为文化产业提供了强有力的支持，使文化产品的表现力和沉浸感得到大幅提升，而文化产品的内容和创意也同步促进了科技产品的创新和差异化。

在协同性维度，尽管近年来取得了一定的进展，但整体上协同性不足仍是突出短板，严重制约着系统的进一步发展。尽管创新主体借助系统的开放性和产业融合，在许多项目上开展了合作，但是各个模块之间的协同机制尚不健全，未能形成推动系统高质量发展的向心合力。协同性的不足不仅限制了系统整体效能的发挥，也阻碍了各模块间的有效衔接和资源共享。这突出表现为合作过程中信息沟通不畅、资源利用效率不高以及决策执行力度不够等问题。这种状况不仅影响了创新主体间的合作效果，也限制了整个系统的发展潜力。

在健康性维度，2014~2019年水平值逐年上升，然而，在2020年水平值出现了大幅回落。总体来看，系统的健康性发展呈现出不稳定的状态。这种不稳定性的产生主要缘于两个方面。一是数字文化产业创新生态系统是一个相对较新的领域，涉及的技术应用、市场监管、法规制定等方面的成熟度还有待提高。由于缺乏足够的经验和知识积累，使该领域在发展过程中容易遇到各种问题和挑战。二是数字文化产业的发展对外部经济环境的变化较为敏感。在当前的宏观经济发展背景下，面临着"需求收缩、供给冲击、预期转弱"三重压力，这些因素对数字文化生态的健康性产生了波动影响。这种外部环境的变化不仅影响了数字文化产业的市场表现，也对其创新生态系统的稳定性产生了一定的冲击。

综合来看，在数字文化产业创新生态系统的未来建设中，各个维度都需要积极采取措施，提升建设水平，以此实现整个系统的全面提升。其中，需要特别关注系统协同性建设，厘清创新主体在合作过程中面临的难点堵点，采取针对性措施，制定提升方案，推动多元主体建立以价值共赢和价值最大化为目标的共创机制。

三、改善建议

基于对当前中国数字文化产业创新生态系统发展状况的全面分析，未来数字文化生态体系建设可从以下三个方面进行重点优化。

一是应更加重视不同地区间的互动与合作，特别是加强东西部省份之间的交流协作。在充分发挥广东省、江苏省和北京市等第一梯队的辐射和带动作用的同时，也要鼓励其他地区积极参与，形成以强带弱、优势互补的协同发展格局。利用发达地区的技术和经验为欠发达地区的系统建设提供顶层支持，借助发达地区的资源和平台优势帮助欠发达地区加快发展步伐。关注并尊重不同地区的发展需求和文化特点，充分发挥各地的优势和潜力，形成更加多元绚丽的数字文化产业创新生态系统。

二是更加注重数字文化产业创新生态系统在创新性、开放性、融合性、协同性和健康性五个维度上的持续发展。这五个维度分别代表了系统不同方面的性能和发展方向，同时也是评价系统发展水平的重要指标，对于产业整体发展而言缺一不可。

每个维度的提升路径既有定制化的方法，也有相通的方面，在实际操作中，需要根据具体情况选择合适路径，以此实现系统建设单维度上的高质量发展。

三是特别关注系统协同性建设，充分认识主体协同在数字文化产业创新生态系统发展中的桥梁作用。主体协同是指不同创新主体之间形成的深度共创关系。通过增强协同可以加速创新进程，促进产业融合，从而形成新的产业形态和发展动力。通过增强协同可以促进信息交流、知识共享和资源优化配置，推动系统更加开放、包容和具有活力。通过增强协同可以提高系统的稳定性和抗风险能力，促进系统内部的自我修复和调整适应，使系统能够更好地应对变革挑战，进而保障产业的可持续发展。总之，加强系统协同性建设是实现数字文化产业创新生态系统全面提升的关键途径。通过发挥协同效应，可以推动系统在各个维度上实现高质量发展，并最终实现整个系统的全面提升。

第四章　数字文化产业创新生态系统价值共创机制模型构建

　　第三章对中国数字文化产业创新生态系统建设现状进行了全面的测度与评价。经过分析发现中国在数字文化生态系统的建设和发展方面，无论从整体还是单维度来看，都存在巨大的提升空间。且在关键维度，即系统协同性建设方面，短板尤为突出。因此，本章将深入探讨系统创新主体之间的协同机制，厘清主体价值共创的完整流程，找出促进价值共创的关键影响因素。

第一节　研究设计

一、研究方法

　　数字文化产业创新生态系统价值共创机制模型构建选用探索性单案例

研究方法。选择该方法的原因：第一，本章研究旨在探讨多元主体为何及如何开展共创实践，属于典型的"Why"和"How"的问题范畴，并且价值共创现象的动态复杂性使研究必须跟踪和深度剖析事物发展过程（坚瑞等，2023）。第二，通过对现有文献梳理后发现，以系统核心主体视角切入，遵循"驱动因素—行为模式—共创结果"的完整过程逻辑，系统全面地探讨价值共创机制问题属于探索性研究，现有文献并未对此展开深入分析，而单案例研究对处于起步阶段的理论研究具有较高的解释度，适用于探讨理论尚且不充分的研究领域（Yin，2017），因此本章研究决定采用探索性单案例研究方法。该方法可以通过深入挖掘共创主体之间的交互行为和行为发生的因果关系，提炼现象背后蕴含的事物发展规律和管理学理论（李苗新和陆强，2010）。

二、案例选择

本章选取阅文集团作为案例研究对象，原因如下：第一，案例典型性。阅文集团是数字文化领域的标杆企业和行业引领者，业务涉及文学、影视、动漫、游戏等诸多数字文化业态，已形成了作家、读者、平台互生共荣的文化生态体系和构建了以"在线业务+版权运营"双轮驱动的文创生态，四度入选国家文化出口重点企业名单，并提名2023年全国文化企业30强，其成功经验具有较高的研究价值和借鉴意义。第二，数据可得性。阅文集团自旗下起点中文网成立至2023年已有21年的发展历程，且因背靠腾讯网站，大量的文字、图片、视频资料被记录下来，形成了稳定性好、覆盖面广、时间跨度大、可反复阅读的二手资料（郑帅和王海军，2021），便于本书研究的开展。案例选取指标与评价详见表4-1。

表 4-1　案例选取指标与评价

序号	选取指标	案例情况	应用评价
1	具有足够规模的典型数字文化企业创新生态系统	开拓性构建社区生态和作家生态，牵头构建新文创生态，已成功搭建起以"在线业务+版权运营"双轮驱动的文创生态	具有代表性、可借鉴性，有利于研究理论的推广应用
2	创新生态系统中利益主体充分互动	以网络文学为基石，以 IP 开发为驱动力，开放性地与全行业合作伙伴共建 IP 生态业务矩阵	系统具备较为全面的价值共创资料，有利于采用扎根方法进行规律总结，构建共创机制理论框架
3	创新生态系统发展具有持续性	2002~2023 年共 21 年的企业发展历程，2005~2023 年共 18 年的创新生态系统发展历程	资料完备，有利于扎根理论的饱和，深入挖掘价值共创的规律性和普遍性

三、数据收集

本书主要从两个方面收集阅文集团的相关数据资料：一是阅文集团内部公开信息，主要包括官方网站公告、企业年报、企业官方在各个社交媒体平台推文等。二是阅文集团外部数据资料，主要包括阅文集团领导和管理高层公开言论；艾瑞咨询、未来智库、洞见研报等第三方机构发布的行业研究报告；相关学术文献和《中国网络文学二十年》等图书论著；《人民日报》、《光明日报》、腾讯新闻等媒体报道；北京大学网文论坛研究团队针对阅文集团创始人、管理者和一线编辑调查、访谈和记录整理下来的采访记录。同时，为了提高数据信息的信度和效度，基于多种资料收集渠道进行数据间的三角互证（武建龙等，2022）。初始收集到的案例资料共 19 万字左右，删除残缺数据、重复语句和不相关表达等无效资料后，最终得到有效案例资料约 13 万字。

第二节　案例描述

一、案例简介

阅文集团是一家以数字阅读为基础，IP 培育与开发为核心的综合性文化产业集团，旗下所拥有的 QQ 阅读、起点中文网、新丽传媒等知名品牌，为集团提供了丰富的资源和坚实的支撑，使其在数字文化产业中占据了举足轻重的地位。

在内容储备方面，阅文集团展现出了强大的实力。通过作家、读者、平台三者间互生共荣的创作生态，打造了一个多层次、多元化的内容储备体系，使集团能够拥有玄幻、言情、悬疑、现实等共计 200 多种内容品类。这种多元化的内容布局，不仅满足了全年龄段阅读人群的需求，更为集团带来了源源不断的创作活力和市场潜力，使其成为数字文化产业 IP 运作的重要源头。

在网络文学领域做大做强的同时，阅文集团还基于腾讯新文创生态，以网络文学为基石，以 IP 开发为驱动力，积极携手上下游泛娱乐企业以及其他相关合作主体，以涵盖多种形式的 IP 运营矩阵推进全链开发，成功构建了"在线业务+版权运营"双轮驱动的文创生态。这种以 IP 为核心的运营模式，不仅极大地拓宽了集团的业务范畴，为集团带来了可观的经济效益，更在推动数字文化产业实现迅猛增长方面发挥了重要作用，引领了整个行业"井喷式"发展。在 IP 开发方面，阅文集团已经初步取得了令人瞩目的好成绩，例如截至 2023 年底，阅文集团已成功输出《鬼吹灯》《盗墓笔记》《琅琊榜》《全职高手》《扶摇》《将夜》《庆余年》等一大批由网络文学 IP 改编而成的动漫、影视、游戏等多业态产品。这些产品不仅在国内市场取得了巨大成功，更在国际市场上赢得了广泛赞誉，进一步提升了阅文集团的国际影响力。

除了经济效益外，阅文集团还始终注重社会效益。在发展过程中，集团始终坚持经济效益与社会效益的高度统一，积极履行社会责任，通过与众多合作伙伴的深入合作，阅文集团积极开展形式多样的社会活动，如现实题材网络文学征文大赛、"益起读好书"公益行动以及"阅见非遗"战略行动等。这些举措不仅为文化产业的发展注入了新的活力与创意，更在推动社会主义文化大发展大繁荣的进程中发挥了积极作用，为社会的文化进步做出了显著贡献。

二、发展历程

阅文集团于 2015 年 3 月由腾讯文学与原盛大文学整合而成，而盛大文学的发展又起源于 2002 年起点中文网的创立，因此本章将研究时间线定为起点中文网成立至今，即 2002~2023 年。

起点中文网自成立之初，便推出了革命性的 VIP 付费阅读制度，由此奠定了网络文学商业模式的基础。VIP 付费阅读制度，不仅为网络文学作家提供了稳定的收入来源，也为读者提供了更高质量的阅读体验。这一创新性的商业模式，迅速吸引了大量作家和读者的加入，使起点中文网迅速崛起为网络文学领域的领军者。随后，起点中文网通过收购整合众多原创文学网站，合并成立为盛大网络文学网站，至此企业已经占据了 70%以上的市场，拥有了绝对的市场优势。2008~2013 年，企业架构历经多次调整，管理团队也经历了频繁的变动。经过一系列的变革与整合后，阅文集团终于在 2015 年得以正式确立，这标志着企业进入了一个全新的发展阶段。

自 2016 年起，阅文集团在腾讯泛娱乐战略的大框架下，依次推出了内容连接战略、IP 共营合伙人制度、全内容生态战略、新文创战略等一系列创新举措。经过一段时间的稳健发展，阅文集团的 IP 运营矩阵已取得了显著成绩。然而，随着业务的深入推进，一系列问题也逐渐浮出水面，如原创内容质量参差不齐、IP 开发机制不够完善、作家生态创作环境有待优化等，这些问题都对集团的进一步发展构成了挑战。于是，阅文集团于 2021 年 6 月发布了全新企业使命"让好故事生生不息"和企业愿景"为创作者打造最有价值的 IP 生态链，成为全球顶尖的文化产业集团"，同年公布了全新的"大阅文"战略。在数字技术变革、文化战争加剧、市场需求变化等因素的多重影响下，阅文集团于 2023 年 6 月启动了新一轮"大阅文"系统升级，宣布着力布局构建多级开发、紧密协同、数智赋能的新文创生态体系。

总的来说，阅文集团的发展历程充满了变革与创新。从最初的 VIP 付费阅读制度确立到如今的新文创生态体系构建与升级，阅文集团始终站在时代的前沿，引领着网络文学和数字文化产业的发展。

三、主要合作伙伴

根据阅文集团的发展历程可知，其合作网络的发展大致可以分为三个阶段。

第一阶段为内部探索期，即 2002～2013 年，这一时期合作网络主要由各大网络文学平台、作家和读者构成。各大平台通过主导建立书籍推荐标准、用户 VIP 制度、粉丝打赏功能、职业作家培养体系等措施，推动网站同作家和读者两大核心群体建立紧密联系。后又通过不断完善服务与制度标准进一步强化三者间的联系，以此保证网络文学产业持续稳定运行。三大主体的紧密协同推动形成了互生共荣的内容生态体系，建造了网络文学产业高质量发展的"护城河"。同时，内容供给端的深厚积累也为后续版权运营业务的发展奠定了坚实基础。

第二阶段为多行业建设期，即 2014~2017 年，这一时期合作网络在上一阶段的基础之上增加了运营渠道商、衍生产业、政府和部分中介服务机构。阅文集团凭借自身强大的网络文学平台和腾讯平台的优势，通过直接出售和联合开发版权的方式，积极拓展 IP 运营业务，主要在游戏、影视和动漫三大核心领域重点发力。这一战略举措极大地推动了网络文学的商业化进程，为阅文集团的发展注入了新的动力。

第三阶段为全生态共创期，即 2018 年至今，这一时期合作网络进一步向外拓展，不仅涵盖了内容创作、衍生产业、渠道商、政府、中介机构等传统合作伙伴，更积极拥抱了科技企业、社会大众以及跨度较大的其他行业主体。以网络文学为坚固基石，以 IP 开发为强劲驱动力，阅文集团始终秉持开放的态度与全行业合作伙伴共同构建数字文化产业创新生态系统，推动产业的深度融合与共创共赢。

基于阅文集团的发展历程，结合其在不同时期形成的合作网络，本书将以阅文集团为核心的数字文化产业创新生态系统初步划分为内部探索期、多行业建设期和全生态共创期，具体内容如图 4-1 所示。

内部探索期 （2002~2013年）	多行业建设期 （2014~2017年）	全生态共创期 （2018年至今）

•创世中文网接入腾讯文学
•腾讯泛娱乐2.0战略确立
•腾讯文学宣布以子公司形式独立运营

•阅文集团提出内容连接战略
•阅文集团提出IP共营合伙人机制

•收购新丽传媒
•阅文集团发布有声阅读品牌"阅文听书"
•腾讯确立新文创战略

•阅文集团成立IP增值中心
•阅文集团确立大阅文战略

•起点中文网成立

•盛大网络收购起点中文网

•腾讯确立泛娱乐战略

2002年 2003年 2004年 2005年 2006年 2007年 2008年 2009年 2010年 2011年 2012年 2013年 2014年 2015年 2016年 2017年 2018年 2019年 2020年 2021年 2022年 2023年

•VIP付费阅读制度确立

•盛大文学有限公司成立，整合众多原创文学网站，占据70%以上的市场股份

•起点中文网创始团队离开盛大文学，重新创办创世中文网
•腾讯文学正式成立

•腾讯文学与盛大文学合并成立阅文集团

•阅文影视成立
•阅文集团海外网文门户"起点国际WEBNOVEL"上线
•阅文集团在港交所挂牌上市
•阅文集团确立全内容生态战略

•阅文集团上线免费阅读软件飞读

•系统升级

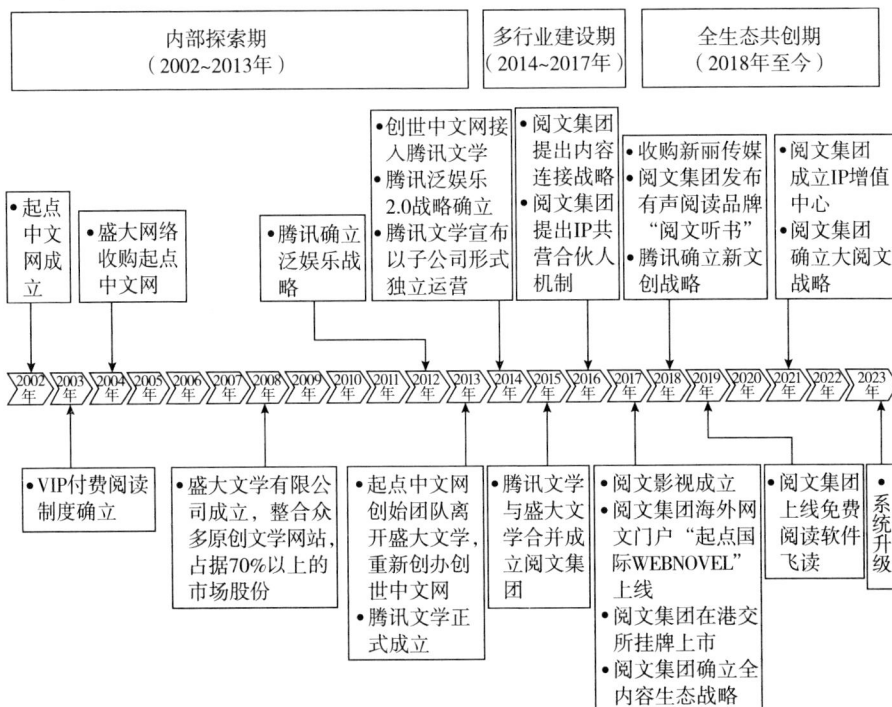

图4-1　阅文集团创新生态系统发展阶段

第三节　分析过程

一、开放式编码

根据 Strauss（1987）程序化扎根理论的编码步骤，本书借助 NVivo 软件自上而下依次进行开放式编码、主轴式编码和选择式编码。开放式编码

的目的在于从大量无序的原始资料中初步识别出概念、类别和属性，并通过对原始资料和初始范畴之间的不断对比完善发现原始语句内涵的关联性和异质性，为后续理论发现奠基。具体步骤：首先基于对原始资料的深入理解，为原始资料中的现象贴上标签并将其概念化；其次把相似度较高的概念归纳到同一初始范畴中，并加以命名；最后观察范畴间的内在逻辑，从中发现现象特征与现象规律，为后续编码做准备。本书最终在 874 条原始语句标签中，提炼出 103 个概念，抽象出 39 个初始范畴。开放式编码过程（部分）通过表 4-2 进行记录和展示。

表 4-2　开放式编码过程（部分）

原始资料语句	贴标签	概念化	初始范畴
得益于阅文丰富的资源储备，下游企业才有足够的空间进行多个项目的开发以及生态的规划	阅文丰富的资源储备	IP 资源储备丰富	IP 储备
2012 年《斗罗大陆》游戏的成功发行让作家和企业意识到 IP 潜在价值，随后各类版权改编更是让网络文学的价值达到了前所未有的高度	IP 价值显现	IP 潜内在价值	IP 价值
IP 要跑通全产业链，不是靠阅文等单一企业主体就能把控的。这需要整合优势资源，构建产业链协作关系，形成贯穿上下游的板块协作	产业全链共造 IP	共造 IP	IP 塑造
资本涌入推动内容改编市场的快速发展，巨大利益使得泛娱乐逐渐从企业策略成为产业趋势	巨大利益使泛娱乐成为产业趋势	巨大利益驱动泛娱乐	经济利益
旧有的开发模式缺乏整套开发逻辑、规划与运营的思路，已不再适应这个市场，行业急需一个平台搭建者	旧有模式不再适应市场	市场发展有变	市场变化
因此我们的网站不仅是给作家发布作品，更重要的是它应该留给读者发表他们意见的机会	读者发表意见	个性意见提出	个性化需求

原始资料语句	贴标签	概念化	初始范畴
从阅读偏好，到阅读场景，再到阅读习惯，集团将携手用户共同完成精准定位和群体画像，匹配更合适的优质内容，满足多元化、定制化需求	满足多元化、定制化需求	定制需求提出	定制化需求
越来越多的用户渴望在书籍之外的现实世界能够有渠道进一步结识相同兴趣爱好的书友	拥有渠道结识书友	渴望结识书友	社交需求
承载自古而来的绵绵不绝的中华文化之魂，力图建立一个无所不有、众生皆享的电子图书馆，这是何等快哉之事	承载中华文化，共建电子图书馆	承载中华文化共建共享	文化传承式共建
启动《梨园计划》，利用 IP 影响力发扬国粹，再创辉煌。立足文化优势，配以 IP 开发模式，打造中国文化新名片	立足文化优势，配以 IP 开发模式，打造新中国文化	立足文化优势，共建新文化	文化融合式共建
为头部作家、中腰部作家和新人作家提供更加精细化的作家服务，重点着眼于作家成长与作家梯队建设两个方向，从而实现作家生态良性的、可持续的循环	作家成长与作家梯队建设	专业作家参与	专业作家生态
新设立的内容合作产业基金将携两亿元资金全力鼓励并支持个人创作，为出版内容领域补充新鲜力量	鼓励并支持个人创作	社会个人参与	非专业者创作
通过问卷调研、粉丝运营介入等方式，邀请核心粉丝参与改编前期的会议，使其成为网文创作与改编的关键把控方	核心粉丝参与介入	读者参与	用户参与
作家通过写作平台、微博、QQ 群等多个媒介，将小说某个人名设定、某个剧情场景设置、某个发展情节交由粉丝创作	作家将部分内容交由粉丝创作	作家同粉丝共同创作	共享创作
积极和 QQ 浏览器、腾讯新闻、微信读书、百度、搜狗、京东商城、小米多看等开展战略合作	与腾讯渠道和第三方开展合作	多渠道战略合作	渠道延展
用户接入阅文全量内容，一个账户打通 PC、手机、平板等终端和包容纸质阅读的终端	一个账户打通多个终端	多端互通互联	渠道互联
围绕某个网络文学 IP，开发其所有版权，包括影视改编权、游戏改编权、影音图书线上和线下出版权以及其他法律规定的版权类型	开发所有版权形式	版权开发与内容改编	版权运营

续表

原始资料语句	贴标签	概念化	初始范畴
推动文化与科技、旅游、乡村等的跨界融合发展，推动系统合作伙伴向更多可能融合的经济领域拓展	向更多可能融合的经济领域拓展	向更多行业发展	跨界融合
通过顶层设计，协同各专业领域的人才，在统一的改编内核下，把好故事从文字变成漫画、有声、动画、影视、游戏和衍生品等形式	顶层设计协同人才	顶层设计协同	顶层设计
按照统一的策略打造强势 IP，各种产品形态之间相互转化、相互联系、相互促进，产生协同效应	统一的策略打造产品，注重协同效应	各业态统一协同	系统开发
作家生态已经基本形成，保证了内容质量大幅提升，产生了一系列良好效应	作家生态，内容质量提升	内容价值提升	价值获取
随着分销渠道的拓宽以及运营的不断完善，2017 年底平均月活跃用户已增至 191.5 百万人，其中包括 179.4 百万移动用户及 12.1 百万电脑用户	借助渠道拓宽与 IP 运营，用户持续增长	传播辐射价值	价值传递
把 IP 拿出来，和有能力的游戏厂商、影视厂商、文化公司坐在一起更长远地进行开发，为它做很多的故事，诞生更多如《琅琊榜》《庆余年》《鬼吹灯》等的优秀 IP	IP 长远开发	价值开发	价值创造
同时，爆款剧集，手办、游戏、商品等衍生产品也同步陆续在进行海外开发。据悉，五年来，新丽电视剧海外授权的单价已经从每集近万美元，增长到每集十余万美元	产品在原线上拓展开发	价值拓展	价值增值
以《斗罗大陆》为例，从网络小说到漫画版、动漫版、有声书、同名游戏和电视剧，经过十几年的沉淀和培育，它已经成为一个影响数亿人的超级 IP	通过沉淀和培育成为影响数亿人的超级 IP	影响数亿人的超级 IP	价值增值
通过多媒体形式使得 IP 触达至更广泛的群体并形成对原著小说的反哺效应，令 IP 价值得以进一步释放	反哺效应，进一步释放 IP 价值	反哺效应，跨代际流传	价值循环
⋮	⋮	⋮	⋮
共 1334 个参考点	共 874 个标签	共 103 个概念	共 39 个初始范畴

二、主轴式编码

主轴式编码的目的在于挖掘初始范畴之间的潜在关联，使其重新排列成更明确的概念，即主范畴（科宾和施特劳斯，2015），从而使之形成更具有概括性和解释力的理论框架。例如，"版权运营""跨界融合""顶层设计""系统开发"四个初始范畴可以在范式模型基础上整理成一条"轴线"，重新纳入"IP生态模式"这一更高层次的主范畴中，以解释数字文化产业创新生态系统中多元主体围绕IP建立的诸多合作关系。本书39个初始范畴被重新整合为15个主范畴，即IP资源驱动、数字技术驱动、市场经济驱动、价值需求驱动、文化共识驱动、产业政策驱动、内容创作模式、渠道对接模式、IP生态模式、中介合作模式、技术赋能模式、政企协作模式、单平台价值共识、多行业价值共筑、全生态价值共赢。15个主范畴又被再次归纳到3个核心范畴中，即数字文化产业创新生态系统价值共创驱动因素、行为模式和共创结果。主轴式编码过程通过表4-3进行记录和展示。

表4-3　主轴式编码过程

初始范畴	主范畴	核心范畴
IP储备 IP价值 IP塑造	IP资源驱动	驱动因素
技术基础设施 关键技术创新 数字技术应用	数字技术驱动	
经济利益 市场变化	市场经济驱动	
个性化需求 定制化需求 社交需求	价值需求驱动	

续表

初始范畴	主范畴	核心范畴
文化传承式共建 文化融合式共建	文化共识驱动	驱动因素
政策支持 政策引导 政策规约	产业政策驱动	
共16个初始范畴	共6个主范畴	共1个核心范畴
专业作家生态 非专业者创作 用户参与 共享创作	内容创作模式	行为模式
渠道延展 渠道互联	渠道对接模式	
版权运营 跨界融合 顶层设计 系统开发 建立专业批评体系	IP生态模式	
与运营、策划、广告等机构合作 与公益性质机构合作 与其他第三方机构合作	中介合作模式	
技术产权合作 技术资源共享 技术协同创新	技术赋能模式	
与政府合作	政企协作模式	
共18个初始范畴	共6个主范畴	共1个核心范畴
价值获取	单平台价值共识	共创结果
价值传递 价值创造	多行业价值共筑	
价值增值 价值循环	全生态价值共赢	
共5个初始范畴	共3个主范畴	共1个核心范畴
总计39个初始范畴	总计15个主范畴	总计3个核心范畴

三、选择式编码

选择式编码的目的在于将主范畴与核心范畴联系起来，并以故事线的形式呈现案例发展规律和因果脉络（科宾和施特劳斯，2015）。本书以多元主体价值共创的驱动因素、行为模式和共创结果为核心范畴，得到基于系统核心主体视角的数字文化产业创新生态系统价值共创过程，基于编码结果描绘出两条故事线：第一，IP 资源驱动、数字技术驱动、市场经济驱动、价值需求驱动、文化共识驱动、产业政策驱动共同形成了多元主体价值共创的驱动因素，主体会将上述动力转化成相应行为，以达到满足各方价值所需的最终目的，因此以上六种驱动因素有助于促进多元主体价值共创。第二，主体会将内容创作模式、渠道对接模式、IP 生态模式、中介合作模式、技术赋能模式、政企协作模式彼此耦合协同，在合作过程依次实现价值的获取、传递、创造、增值和循环，最终达到多方共赢的战略目标，因此以上六种行为模式有助于实现多元主体价值共创。

四、理论饱和度检验

整个编码过程依据理论抽样和不断比较的编码策略进行螺旋式的概念化和范畴化，直到收集的新鲜数据不再产生新的理论见解以及不再揭示新的核心理论范畴即为理论饱和（Yin，2017）。为检验数字文化产业创新生态系统价值共创机制的理论饱和度，本书额外收集约 1.5 万字的全新数据资料，对其重新按照既定步骤进行三重编码，发现没有再出现新的概念和范畴，故可以证明本书所提炼的价值共创机制在理论上是饱和的。

第四节　案例分析

一、价值共创驱动因素

本书在遵循扎根理论中的一系列编码步骤后，发现在数字文化产业创新生态系统中多元主体价值共创这一行为是由 IP 资源、数字技术、市场经济、价值需求、文化共识和产业政策这六大影响因素共同驱动。

一是 IP 资源驱动价值共创。阅文集团在开发《鬼吹灯》这一早期网络文学作品的版权时，其远超预期的销量与利润让创新主体惊喜意识到，版权可以脱离其本身载体，向漫画、影视、音频和游戏业态衍生，甚至可以利用同一版权开发出更多可能的商业模式。因此，IP 资源这一独有的裂变特性为版权商业链的发展注入了共创动能。除此之外，中国作为文化大国，其丰富的文化底蕴为主体共创提供了有力支撑，不论是《封神榜》《西游记》等传统 IP，还是《择天记》《庆余年》等现代 IP 都可以被盘活，阅文集团也确实凭借着丰富的内容储备成了版权改编的重要源头。

二是数字技术驱动价值共创。首先，数字技术为多元主体价值共创带来了更多的可能性、创新性和保障性。多元主体借助数字技术不仅突破了地理空间限制，还实现了资源的互联共享，这成为再度拓宽商业化想象力的掘金处。其次，数字技术可以持续赋能创新生产，使 IP 生态提速增效，例如由阅文集团推出的"阅文妙笔"网文写作大模型就切中了作家创作痛点，为内容创作提供了最佳辅助。最后，在版权标识管理工作中引入区块链等数字技术，可以为版权的深度开发提供技术保障，切实提高多元主体间的共创意愿。

三是市场经济驱动价值共创。一方面，随着居民生活水平的提高，文化消费得到明显提升。文化市场展现出的巨大经济效益，引起各路资本大量涌入和迅速扩张，企业还试图以交叉合作的方式催生更多新业态，探索多种获利渠道。另一方面，企业会根据市场经济发展状况，动态采取措施调整组织合作架构。比如阅文集团为了进一步释放 IP 变现潜力和增强对 IP 的控制，收购影视制作公司新丽传媒；为了应对新冠疫情对市场经济造成的动荡，免费开放了部分线上阅读渠道。

四是价值需求驱动价值共创。用户会为了满足社交、体验、个性化等独特需求乐于并主动参与共创。在共创过程中，心理满足感会再次使共创意愿提高，并形成期待效应，不自觉地影响和带动更多主体参与共创。企业则会为了满足用户需求主动对外寻求合作，比如高质量内容需求推动文化企业与政府、作协、公益机构等各类权威性主体合作，合力使产业摆脱低俗化和空洞化的发展怪圈。个性化需求推动文化企业与科技企业、制造企业、顾客等各类生产性主体合作，明确聚焦细分需求，降低产品开发风险，以精益生产和柔性制造应对市场变化。此外，价值需求驱动下的价值共创会开辟市场蓝海，潜在的经济利益会使企业发挥其系统核心领导作用，开启新一轮以市场经济为导向的价值共创。

五是文化共识驱动价值共创。在文化强国战略的积极引导下，用户越来越注重 IP 的文化属性和价值内核，优质内容取代爆款流量成为衡量产业发展的重要标准，在此影响下创新主体明白必须携手加速内容提质。同时，全球文化战争所带来的严峻挑战使国民文化意识形态进一步增强，多元主体主动期望利用合作夯实数字文化产业内在价值，共同探索文化融合新模式，聚团结之力，传中国之音。在这样的一种互动过程中，强烈的民族认同和文化共识会呼唤更多主体投入共创实践中，以此实现文化强国这一共同目标。

六是产业政策驱动价值共创。首先，各类强有力的创新政策陆续出台，引导和激励广大主体深入开展共创实践，积极培育新业态，大力推进生态建设。共建"一带一路"倡议的落实和"文化走出去"政策的推进更是为中国数字文化企业的发展开辟了全新市场领域和提供了更多共创平台。其次，政府试图通过财政、市场监管、版权保护等政策着力解决主体共创的难点堵点问题，从而保障多元主体高效协作。

二、价值共创行为模式

本书在遵循扎根理论中的一系列编码步骤后，发现在数字文化产业创新生态系统中多元主体主要通过内容创作模式、渠道对接模式、IP 生态模式、中介合作模式、技术赋能模式和政企协作模式这六大行为模式实现价值共创。

一是内容创作模式实现价值共创。企业、专业创作者和公众紧密协作，形成强大的创作者阵营，以持续输出精品内容建造内容壁垒，筑牢数字文化产业创新生态系统高质量发展的"护城河"。阅文集团通过薪酬制度、福利制度、扶持计划等多种举措，挖掘、培育、激活 IP 产业中的创作者，并通过创作激励、阅文学堂、征文大赛等措施引导公众参与到内容创作中来，由此打造了企业、作家和公众互生共荣的创作生态。

二是渠道对接模式实现价值共创。企业和各类渠道商进行合作，搭建全方位产品运营渠道体系，为后续 IP 衍生业务的发展建立流量池。阅文集团通过搭建"腾讯平台+自有平台+第三方平台"式渠道体系，不仅自身真正实现"一点发送，多点触达"的跨平台凝聚力，也帮助各渠道商大面积扩充用户群体，推动了阅文集团与渠道商用户价值的共同增长。

三是 IP 生态模式实现价值共创。内容企业与上下游衍生企业紧紧围绕 IP 建立系统合作，使各种业态相互转化、联系与促进，最后产生协同效应，从而保证优质内容在 IP 生态中延续更持久的生命力。阅文集团确立的大阅文生态战略便是以深化企业间联系为重要内容，鼓励内容源头企业以参与者的角色深入 IP 开发的各个端口，邀约行业领军企业提供开发意见。战略强调从不同维度丰富和强化 IP 形象，形成从文字到 IP 的全生命周期的价值管理体系，由此实现所有企业的协同发展和 IP 内在价值的持续释放。

四是中介合作模式实现价值共创。企业通过与文化拍卖组织等交易机构、投融资担保等服务机构以及行业协会等管理机构合作，推进要素资源的高效流通，加强多方主体的沟通衔接，规范文化市场体制机制，以此实现数字文化产业的公平、健康和持续发展。例如，阅文集团积极与作家协会建立合作，共建网络文学专业评判标准，规约和引导内容创作，推出更多追求真善美和传播正能量的精品佳作，共同将网络文学产业文化价值投射进社会价值体系中。

五是技术赋能模式实现价值共创。多元主体以科技赋能文化为目标，在相关领域进行技术协作，从而改变价值创造方式、提高价值开发效率和增强价值共创效益。在新文创生态中具体表现为以数字技术辅助内容创作，使创意得到更大程度的释放；以数字技术赋能 IP 开发，解决多模态间的滞后性与割裂性问题，并使更多优秀故事获得改编机会；以数字技术连接用户，探索更沉浸式的场景体验，满足用户多样需求。

六是政企协作模式实现价值共创。文化企业与政府展开深度合作，推进实现数字文化产业经济价值、社会价值和文化价值的高度统一，并试图通过联合其他主体，立足中国特有的文化优势，着力建设具有全球影响力的新国家文化符号体系，加快实现文化强国战略。如文化企业同云南省政府推出《我们的西南联大》电视剧同名游学路线，携手苏州博物馆启动文物解密类超级 IP《神藏》的动画改编项目，联合延安宝塔区政府开展红色活动等。

三、价值共创结果表现

本书在遵循扎根理论中的一系列编码步骤后，发现在数字文化产业创新生态系统中多元主体实现价值共创主要表现为三个结果，分别是通过价值获取实现了单平台价值共识，通过价值传递和价值创造实现了多行业价值共筑，以及通过价值增值和价值循环实现了全生态价值共赢，且三者是一个循序渐进、螺旋迭代的过程。

一是单平台价值共识。网站、作家和读者三大主体在统一的价值主张引领下，成功构建了内容创作良性循环体系，实现了价值获取。具体而言，数字阅读商业制度的完善以及内容供给端的运营在满足作家与读者的利益诉求基础之上，切实保障了网站的可持续盈利。在三方主体的良性互动中，优质内容被源源不断地产出，不单网络文学产业价值得到充分体现，内容创作体系也成为后续产业开发阶段的 IP 超级孵化器。

二是多行业价值共筑。阅文集团联合多方平台为内容打通广泛的分发渠道，并借助数字阅读衍生业务的发展实现了多行业的价值共筑，数字文化商业生态由此正式形成并被不断完善。具体而言，第一，价值传递。阅文集团携手腾讯平台和第三方平台铺设全方位的运营渠道，连接数亿用户的同时将价值传递至用户终端，并在粉丝效应的催化作用下不断辐射放大。第二，价值创造。伴随着数字阅读业务的成熟，阅文集团联合衍生企业和中介机构围绕 IP 开展多种版权业务，使数字文化产业的内容创新不断攀升，由此实现了价值创造。

三是全生态价值共赢。阅文集团联合多方主体专注 IP 的顶层设计和系统开发，所有主体深度协同，推动形成了数字文化产业创新生态系统，最终实现了全生态的价值共赢。具体而言，第一，价值增值。阅文集团把内容产业作为核心源头，加大实施 IP 升维战略，以涵盖多种形式的 IP 运营矩阵推进全生态开发，从多方面多角度多路径提升了优质 IP 的文化价值和商业价值，并将 IP 带入长尾价值释放的新阶段。第二，价值循环。在阅文集团的引领下，各方主体围绕统一价值主张对优质内容进行深度挖掘和纵横开发，各节点的高效联动与共生合作使所有数字文化内容打破孤立状态，不断跨接衍生并产生反哺效应，系统内部价值增值的同时对外辐射，最终实现价值的螺旋式循环升级。

四、案例的进一步讨论

由上述分析可知，在数字文化产业创新生态系统中，IP 资源、数字技术、市场经济、价值需求、文化共识、产业政策这六大因素均对多元主体价值共创起着积极促进作用。其中，市场经济驱动和价值需求驱动可视作动机，是引发价值共创的内在原因和直接动力。价值共创这一行为的发生根本在于主体内心对于某一意愿的强烈渴望，而当市场经济和价值需求作为诱因出现时，便会激活主体将意愿转化为行动。同时，动机会为价值共创提供方向，引领共创实践朝着满足多方主体共赢的目标实现。文化共识驱动和产业政策驱动可视作机会，是主体在进行共创时可利用的客观条件。文化共识和产业政策形成了具有凝聚力的文化环境和有利创新合作的政策环境，多元主体可以基于这样的一种环境氛围为价值共创造就便利条件，助推价值共创加速实现。IP 资源驱动和数字技术驱动会开发主体形成两大核心能力，即 IP 运营能力和数字技术能力，两者共同决定着多元主体开展合作数量和实现共创水平的内在可能性。综上所述，动机、机会、能力之间的相互联系和共同作用是实现价值共创的必要前提，每一个环节都是决定价值共创实践能否顺利产生的关键。而这种系统性和过程性的考虑，正好与"动机—机会—能力"模型（MOA 理论）的逻辑范式相吻合，即 MOA理论模型为解释价值共创行为的发生提供了一个综合的分析框架。

通过探索性案例研究识别出数字文化产业创新生态系统价值共创的行为模式，分别是内容创作模式、渠道对接模式、IP 生态模式、中介合作模式、技术赋能模式、政企协作模式。行为模式与驱动因素之间是相互对应的，一是实现利益需求，每一种共创模式的出发点和落脚点都在实现多方目标和推动产业发展上，只有干出实绩才能获得公众认可，从而建立长期、稳定、积极的合作关系。二是利用客观条件，不同主体在资源、能力等各方面存在差异，因此主体开展共创时会基于异质性资源间的互补匹配程度选择合适的共创伙伴，从而形成多元差异的合作模式。三是锻造核心能力，通过多元合作模式开发主体形成了 IP 运营能力、数字技术能力、市场感知能力等系列动态核心能力，塑造系统竞争优势的同时助推产业达到一流发展水平。

借助多元差异的共创模式，主体循序渐进地实现了价值从获取到传递，再到创造、增值，最终螺旋迭代的完整共创。同时，在整个共创过程中，合作网络不断完善，从由内容企业、创作者和用户构成的内容创作良性循环体系，发展成涵盖内容创作体系、渠道商、上下游衍生企业、政府、中介机构等多元主体的数字文化商业生态，最后到开放共享、协同紧密、精细专业的数字文化产业创新生态系统。基于上述分析，本书依据"驱动因素—行为模式—共创结果"的完整过程逻辑，并结合 MOA 理论，构建出数字文化产业创新生态系统价值共创机制模型，如图 4-2 所示。

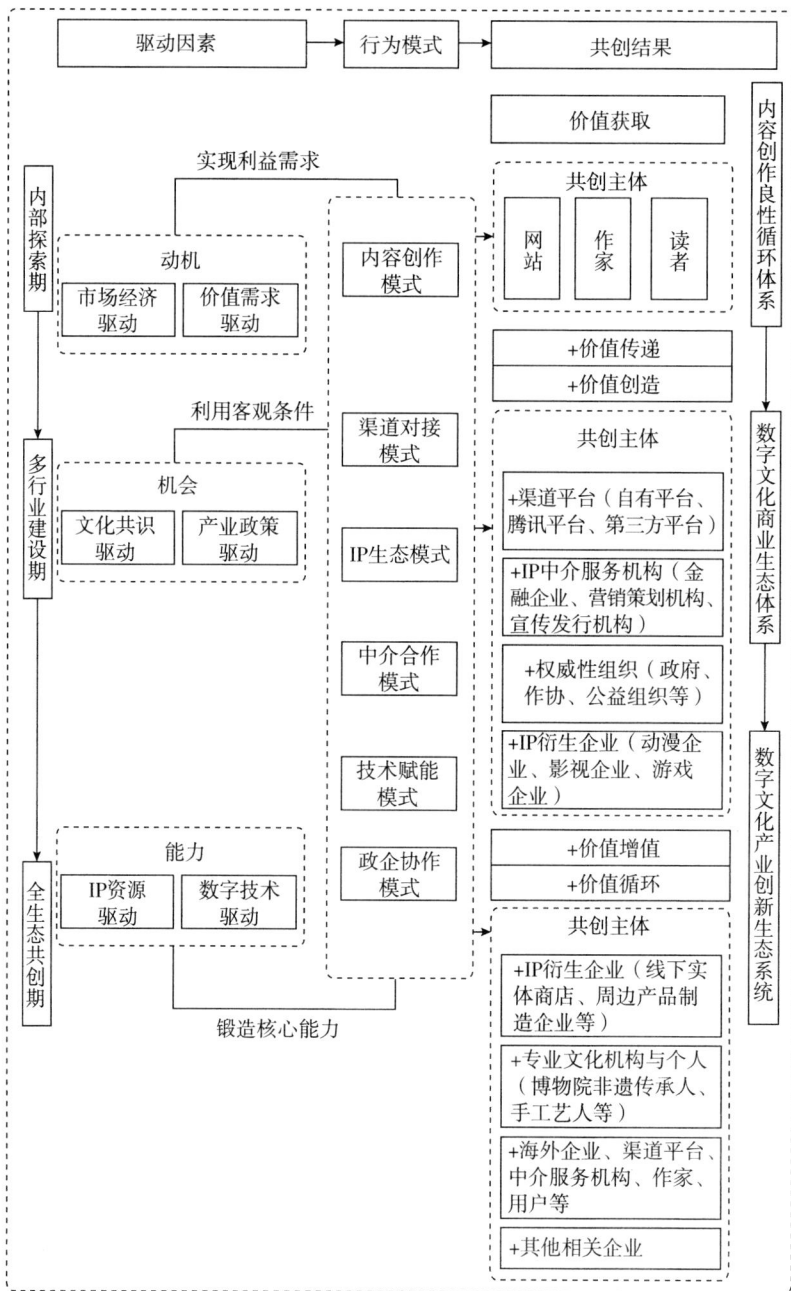

图 4-2　数字文化产业创新生态系统价值共创机制模型

第五章　数字文化产业创新生态系统价值共创耦合效应研究

第四章通过对案例深入剖析，揭示了数字文化产业创新生态系统价值共创的内在机制，明确了 IP 资源、数字技术、市场经济、价值需求、文化共识、产业政策等六大驱动因素和内容创作、渠道对接、IP 生态、中介合作、技术赋能、政企协作等六大行为模式均对多元主体价值共创起着积极促进作用。但是，创新生态系统复杂性的本质特征决定了多元主体实现高水平价值共创是条件变量有机组合的结果。因此，本章将从组态思维切入，探讨驱动因素与行为模式和价值共创之间的复杂耦合关系，以此进一步深化价值共创机制研究。

第一节　基于案例研究的实证分析框架构建

本书基于对以阅文集团为核心所构建的创新生态系统中多元主体价值共创关系的深入剖析，描绘出了串联系统所有主体价值共创的两条"故事线"。一是 IP 资源、数字技术、市场经济、价值需求、文化共识和产业政策共六大驱动因素有助于促进系统主体价值共创。二是主体采取内容创作、渠道对接、IP 生态、中介合作、技术赋能和政企协作六大行为模式有助于实现价值共创。除此之外，本书还一一重点解释了单个驱动因素和单个行为模式影响数字文化产业创新生态系统价值共创的作用机理，再次深化了驱动因素和行为模式与价值共创的内在联系。

但是，数字文化产业创新生态系统是一个由文化企业、政府、中介机构、消费者等多元主体，通过多种行为模式相互联结，以及与外部环境资源协同演化形成的复杂共生系统。在此系统中，任何价值共创行为的发生都是多种驱动因素有机组合的结果。成功实现高水平价值共创也并非依赖单一行为模式独立作用，而是多种共创模式生态交互共同推进系统主体高效共创。因此，在探究数字文化产业创新生态系统价值共创机制问题时，不能只着眼于单一因素对价值共创的正向促进作用，而是要从组态视角出发对驱动因素和行为模式与促进价值共创之间的耦合机理进一步深入探索。综上所述，本章将从组态视角切入，深入探索驱动因素和行为模式与数字文化产业创新生态系统价值共创之间的复杂因果关系，组态分析理论框架如图 5-1 所示。

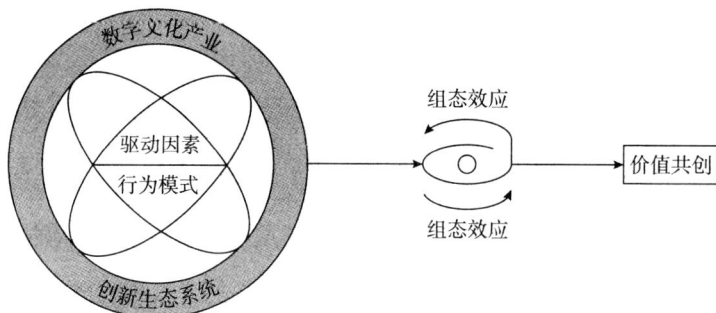

图 5-1　组态分析理论框架

第二节　研究设计

一、研究方法

数字文化产业创新生态系统价值共创机制耦合效应分析选用 fsQCA，该方法是一种用于解释因果复杂性现象的集合分析方法（Ragin，2009）。选择fsQCA 主要基于以下原因：第一，创新生态系统复杂性这一本质特征决定了多元主体价值共创是多因素共同驱动和多模式有机结合的结果，且实现结果的解并非唯一。该方法能够有效处理多变量的组合关系，验证不同驱动因素组合和不同行为模式组合与多元主体价值共创之间的复杂因果关系，并挖掘实现同一结果的等效路径。第二，该方法内含的非对称性思想有助于分析不同条件变量组合对于高/低水平多元主体价值共创的影响路径，从而更好地揭示案例间的差异性和变量间相互依赖的组态效应（杜运周和贾良定，2017）。

二、样本与数据

因探索性单案例研究是以阅文集团这一企业视角切入，进而识别出价值共创的驱动因素和行为模式。又因数字文化企业是链接各方创新主体的关键节点，处于整个数字文化产业创新生态系统中的核心位置，会参与价值共创的全过程（成琼文和赵艺璇，2021），故实证研究将调研对象设置为中国数字文化企业，并采用问卷调研的方式收集数据。

首先，为确保企业所在的创新生态系统具备多边、多元、多层次的共创活动，使实证分析结果具有代表性和普适性，问卷严格限定可参与调研的对象条件，包括企业具有自主品牌、企业具有合作发展战略和文化、企业已搭建或已加入所在产业的创新生态系统等。本书采用定向推送的方式向符合条件的对象发放问卷，并选择企业中高层管理者作为调研对象，以保证被调研者充分掌握企业发展信息。

其次，本书借鉴国内外已有成熟量表以及中国数字文化企业的发展实践，参考相关领域的专家意见对六大驱动因素变量、六大行为模式变量以及价值共创效果这一结果变量设计对应的调研题项，形成初始问卷。进一步地将初始问卷发放给10家数字文化企业进行预测试，根据其反馈意见优化题项和完善量表，形成最终的正式调研问卷。

最后，在大样本的调研过程中，本书遵循QCA方法的理论抽样原则（Ragin，2009）并兼顾案例同质性和异质性原则（杜运周和贾良定，2017），选取的企业来自数字创意技术设备制造、数字文化创意活动、数字设计服务、数字创意与融合服务共四个领域，涉及中国数字文化企业所有细分行业，覆盖中国东部、中部和西部地区共26个城市，并包括高水平价值共创和低水平价值共创的对照案例。本次调研通过问卷星、问卷网、专业调研机构等多种途径共计发放350份问卷，共回收350份问卷，剔除作答时间过短或过长、重复作答、答案存在明显规律等无效问卷后，最终获得303份有效问卷，有效问卷回收率达86.57%。样本特征如表5-1所示。

表5-1 样本特征统计

特征	分类	样本量	占比（%）
企业规模	100人及以下	18	5.94
	101~200人	43	14.19
	201~500人	102	33.66

特征	分类	样本量	占比（%）
企业规模	501~1000 人	79	26.07
	1000 人以上	61	20.14
企业年龄	不满 2 年	8	2.64
	2~5 年	38	12.54
	6~10 年	114	37.63
	11~20 年	112	36.96
	20 年以上	31	10.23
细分领域	数字文化创意活动	106	34.98
	数字创意与融合服务	61	20.14
	数字创意技术设备制造	67	22.11
	数字设计服务	69 2	2.77

注：数字文化企业的细分领域按照《战略性新兴产业分类（2018）》文件的统计口径进行划分。

三、变量测度

为保证量表的信效度，对于研究涉及的所有变量的测量题项均借鉴已有成熟量表，并结合中国数字文化产业发展的实际情境对题项进行适当修正。所有题项采用五级 Likert 量表进行度量，被调研对象以题项内容与企业实际发展情况的符合程度作为打分标准，1 表示非常不符合，5 表示非常符合。各个变量具体的测量题项如下（各变量内涵解释详见表5-2）：

表5-2 变量度量指标及其内涵解释

变量名称	变量内涵	度量指标	参考文献
IP 资源驱动	IP 资源独有的裂变特性和经济潜力驱动多元主体围绕 IP 开展培育、创作、开发等系列合作，推动实现以 IP 资源为基础的价值创造和增值	IP 储备资源 IP 推广资源 IP 变现资源	于丽艳和李军力（2017）、甘静娴和戚湧（2018）、Namvar 等（2010）

续表

变量名称	变量内涵	度量指标	参考文献
数字技术驱动	通过数字技术赋能文化产业各个环节，为多元主体共创提供更多可能性、创新性和保障性，从而变革价值生成形式和加速共创效率	赋能生产 赋能传播 赋能合作 赋能环境	周建新和谭富强（2022）、梁玲玲等（2022）、Sambit等（2017）
市场经济驱动	资本市场吸引相关利益主体集聚，加速推动创新主体建立合作，并通过市场的资源配置枢纽作用促进主体动态调整合作架构	信息扫描 传播沟通 理解运用 动态调整	李巍（2015）、David（2017）
价值需求驱动	创新主体为了满足某一需求，如发展需求、个性需求等，主动搭建合作纽带，促进实现价值共创	发展需求 顾客需求 共同需求	Mariana（2009）
文化共识驱动	在文化强国战略的积极引导和谱写中国式现代化"文化长卷"的行动指南下，创新主体主动开展合作以及号召更多主体参与合作，实现夯实产业内核、增强文化自信、提升国家文化软实力等文化共识	文化传播 情感认同 行为意向	王美钰等（2023）、Mark和Boris（2018）
产业政策驱动	各类强有力的创新政策引导、激励、规范和保障多元主体开展共创，通过营造良好的共创环境强化价值共创行为	合作优惠 保障服务 建设平台 推进跨界 政企合作	Hanson（1982）、Wang等（2019）
内容创作模式	创作者、平台和消费者紧密协作，持续输出精品内容，筑牢产业发展价值内核，共同通过内容的创新、传播和应用实现价值共创和共享	广泛合作 利益分配 创作激励	解学梅和孙科杰（2018）、Areti等（2017）
渠道对接模式	企业通过与各类渠道商合作，搭建全方位产品运营渠道体系，为价值的生成、传递和发展建立流量池	渠道多样 信息共享 联合行动	赵星宇和庄贵军（2021）、Min等（2005）、Gilbert等（1979）
IP生态模式	内容企业与上下游衍生企业紧紧围绕IP建立生态合作，确保价值在整个系统中顺利推进、转化与循环	产品矩阵 参与把控 长期规划	李彪等（2018）

续表

变量名称	变量内涵	度量指标	参考文献
中介合作模式	企业通过与各类中介机构合作，规范市场机制并推进要素流通，从而为价值共创提供良好的助力与保障	与交易型中介合作程度 与准则型中介合作程度 与管理型中介合作程度	朱静雯和孙庆庆（2014）、Zhang 和 Li（2010）
技术赋能模式	创新主体以科技赋能文化为目标，在相关领域进行技术协作，从而改变价值创造方式、提高价值开发效率和增强价值共创效益	内部技术合作 产权技术合作 非产权技术合作	周贵川和揭筱纹（2012）、罗炜和唐元虎（2001）
政企协作模式	数字文化企业与政府展开深度合作，促进实现产业经济价值、文化价值与社会价值的高度统一，并通过政府引导、企业主导的共创模式联合其他主体，着力建设具有全球影响力的新国家文化符号体系	战略合作 风险共担 市场监督	宋文慧（2019）、Chen 等（2021）
价值共创效果	主体之间通过共创实践实现价值的螺旋迭代和多方共赢，主要通过关系网络的紧密程度和创新绩效体现	关系网络 创新绩效 价值共赢	Kumar 和 Stuart（2016）

价值共创驱动因素前因变量：①IP 资源驱动参考于丽艳和李军力（2017）、甘静娴和戚湧（2018）、Namvar 等（2010）的量表，从 IP 储备资源、IP 推广资源、IP 变现资源等三个方面进行测量；②数字技术驱动参考周建新和谭富强（2022）、梁玲玲等（2022）、Sambit 等（2017）的量表，从数字技术赋能生产、数字技术赋能传播、数字技术赋能合作、数字技术赋能环境四个方面进行测量；③市场经济驱动参考李巍（2015）、David（2007）的量表，对信息扫描、传播沟通、理解运用、动态调整四个方面进行测量；④价值需求驱动参考 Mariana（2009）的量表，对发展需求、顾客需求、共同需求三个方面进行测量；⑤文化共识驱动参考王美钰等（2023）、Mark 和 Boris（2018）的量表，从文化传播、情感认同、行为意向

三个方面进行测量；⑥产业政策驱动参考 Hanson（1982）、Wang 等（2019）的量表，对合作优惠、保障服务、建设平台、推进跨界、政企合作五个方面进行测量。

价值共创行为模式前因变量：①内容创作模式参考解学梅和孙科杰（2018）、Areti 等（2017）的量表，对广泛合作、利益分配、创作激励三个方面进行测量；②渠道对接模式参考赵星宇和庄贵军（2021）、Min 等（2005）、Gilbert 等（1979）的量表，对渠道多样、信息共享、联合行动三个方面进行测量；③IP 生态模式参考李彪等（2018）的量表，对产品矩阵、参与把控、长期规划三个方面进行测量；④中介合作模式参考朱静雯和孙庆庆（2014）、Zhang 和 Li（2010）的量表，对企业与交易型中介、准则型中介、管理型中介的合作程度三个方面进行测量；⑤技术赋能模式参考周贵川和揭筱纹（2012）、罗炜和唐元虎（2001）的量表，对内部技术合作、产权技术合作、非产权技术合作三个方面进行测量；⑥政企协作模式参考宋文慧（2019）、Chen 等（2021）的量表，对战略合作、风险共担、市场监督三个方面进行测量。

结果变量：价值共创效果参考 Kumar 和 Stuart（2016）的量表，对关系网络、创新绩效、价值共赢三个方面进行测量。

四、信效度分析

本书借助 SPSS 26.0 软件，使用 Cronbach's α 系数来衡量变量信度。由表 5-3 的结果可知，各变量的 Cronbach's α 系数均大于 0.8，说明该量表具有较好的信度。由于各个变量的测量题项是基于已有文献的成熟量表进行设计的，因此本书量表的内容效度可保证（解学梅和王宏伟，2020）。此外，运用 Amos 26.0 软件进行验证性因子分析，各变量的标准化载荷系数均大于

0.7，说明问卷结构效度较好（张金山等，2021）。进一步地，本书根据 CFA 结果计算出平均方差提取量 AVE 和组合信度 CR 值，表 5-3 显示，AVE 大于 0.5 且 CR 值大于 0.8，说明量表具有较好的聚合效度（张凡等，2023）。

表 5-3　信效度检验结果

变量	测量维度	因子载荷	α 系数	AVE	CR
IP 资源驱动	IP 储备资源	0.786	0.812	0.634	0.839
	IP 推广资源	0.807			
	IP 变现资源	0.796			
数字技术驱动	赋能生产	0.771	0.852	0.600	0.855
	赋能传播	0.756			
	赋能合作	0.767			
	赋能环境	0.795			
市场经济驱动	信息扫描	0.771	0.866	0.626	0.870
	传播沟通	0.796			
	理解运用	0.786			
	动态调整	0.812			
价值需求驱动	发展需求	0.827	0.835	0.656	0.852
	顾客需求	0.797			
	共同需求	0.809			
文化共识驱动	文化传播	0.701	0.816	0.590	0.811
	情感认同	0.829			
	行为意向	0.768			
产业政策驱动	合作优惠	0.778	0.991	0.612	0.888
	保障服务	0.775			
	建设平台	0.792			
	推进跨界	0.803			
	政企合作	0.763			
内容创作模式	广泛合作	0.805	0.822	0.637	0.841
	利益分配	0.806			
	创作激励	0.784			

续表

变量	测量维度	因子载荷	α系数	AVE	CR
渠道对接模式	渠道多样	0.820	0.810	0.634	0.839
	信息共享	0.745			
	联合行动	0.822			
IP生态模式	产品矩阵	0.799	0.833	0.637	0.840
	参与把控	0.786			
	长期规划	0.809			
中介合作模式	与交易型中介合作程度	0.823	0.815	0.647	0.846
	与准则型中介合作程度	0.803			
	与管理型中介合作程度	0.786			
技术赋能模式	内部技术合作	0.821	0.821	0.667	0.857
	产权技术合作	0.832			
	非产权技术合作	0.797			
政企协作模式	战略合作	0.803	0.814	0.645	0.845
	风险共担	0.786			
	市场监督	0.820			
价值共创效果	关系网络	0.809	0.833	0.618	0.829
	创新绩效	0.762			
	价值共赢	0.787			

五、变量校准

由于问卷题项是基于五级Likert量表度量，且数据分布与量表刻度未存在明显冲突，故本书首先考虑直接使用（5，3，1）作为定性锚点对变量进行校准（Fiss，2011）。然而，校准后发现数据中出现了较多的0.5，极易影响结果分析（谢静雨和王占军，2023）。为了规避这一情形，需要重新调整校准阈值（杜运周和贾良定，2017）。参照已有学者的做法（解学梅和王宏伟，2020），以各变量的数据均值为基础，采用模糊集的直接校准法对变量进行校准，即以 0.95、0.50 与 0.05 来确定完全隶属点、交叉点和完全不隶属点，后利用 fsQCA 3.0 软件将原始数据转化为集合隶属数据。各变量的校准锚点如表 5-4 所示。

表 5-4　校准锚点

变量	符号	完全隶属点	交叉点	完全不隶属点
IP 资源驱动	IP	5.000	3.333	1.667
数字技术驱动	DT	4.750	3.250	1.750
市场经济驱动	ME	5.000	3.333	1.667
价值需求驱动	VD	5.000	3.333	1.667
文化共识驱动	CC	4.800	3.400	1.800
产业政策驱动	PO	5.000	3.167	1.667
内容创作模式	cont	5.000	3.333	1.667
渠道对接模式	chan	5.000	3.333	2.000
IP 生态模式	ipec	5.000	3.333	1.667
中介合作模式	inte	5.000	3.333	2.000
技术赋能模式	tech	5.000	3.333	2.000
政企协作模式	gove	5.000	3.333	1.667
价值共创效果	VC	5.000	3.333	1.667

第三节　组态分析

一、必要性检验

基于校准后的模糊集隶属分数，本书采用 fsQCA 3.0 软件检验单个条件（包括其非集）是否构成数字文化产业创新生态系统价值共创的必要条件，结果如表 5-5 所示。结果显示，各前因条件的一致性水平和覆盖度均低于 0.9 的认定标准（Ragin，2009），表明驱动因素和行为模式的前因条件均无法独立作为产生高/非高水平价值共创的必要条件，必须将条件组合起来进行下一步分析。

表 5-5　单个条件必要性检验结果

条件变量	VC		~VC	
	一致性	覆盖度	一致性	覆盖度
IP	0.723	0.744	0.534	0.548
~IP	0.561	0.546	0.751	0.730
DT	0.743	0.728	0.551	0.540
~DT	0.531	0.542	0.722	0.737
ME	0.706	0.723	0.537	0.550
~ME	0.561	0.548	0.730	0.712
VD	0.703	0.700	0.564	0.561
~VD	0.559	0.562	0.698	0.701
CC	0.751	0.743	0.526	0.520
~CC	0.515	0.521	0.740	0.748
PO	0.721	0.731	0.512	0.519
~PO	0.526	0.519	0.734	0.724
cont	0.712	0.734	0.546	0.555
~cont	0.569	0.560	0.738	0.716
chan	0.722	0.734	0.521	0.522
~chan	0.530	0.530	0.735	0.723
ipec	0.709	0.736	0.531	0.543
~ipec	0.559	0.547	0.741	0.715
inte	0.739	0.740	0.527	0.520
~inte	0.521	0.528	0.736	0.735
tech	0.703	0.702	0.556	0.548
~tech	0.547	0.556	0.698	0.698

续表

条件变量	VC		~VC	
	一致性	覆盖度	一致性	覆盖度
gove	0.718	0.722	0.566	0.561
~gove	0.563	0.568	0.720	0.714

注："~"代表逻辑非。

二、价值共创驱动因素构型分析

本书将六种驱动因素纳入 fsQCA 组态分析中，相关数值设定参考 Schneider 和 Wagemann（2013）及杜运周和贾良定（2017）的观点，将原始一致性阈值设定为0.8，案例频数设定为3（覆盖率为89%），PRI 一致性阈值设定为0.75。由于缺乏条件变量影响数字文化产业创新生态系统价值共创的证据和理论，难以做出明确的反事实分析，在处理中间解时选择的条件为"存在或缺失"。基于 fsQCA 方法得到的复杂解、简单解与中间解，通过中间解与简约解的嵌套关系对比识别每个解的核心条件。既在中间解也在简约解中出现的条件为该解的核心条件，只在中间解中出现的条件为边缘条件。具体构型结果如表5-6所示。

表5-6 数字文化产业创新生态系统价值共创驱动因素组态构型

条件变量名称	条件变量符号	VC			~VC
		H1	H2	H3	L1
IP 资源驱动	IP	●		●	⊗
数字技术驱动	DT	●	●	●	⊗
市场经济驱动	ME	●	•	•	●
价值需求驱动	VD		●	•	●

续表

条件变量名称	条件变量符号	VC			~VC
		H1	H2	H3	L1
文化共识驱动	CC	●	●	●	⊗
产业政策驱动	PO	●	●	●	⊗
一致性		0.924	0.914	0.922	0.962
原始覆盖度		0.444	0.442	0.433	0.250
唯一覆盖度		0.034	0.032	0.022	0.250
总体一致性		0.895			0.962
总体覆盖度		0.499			0.250

注: ●表示核心条件存在, ⊗表示核心条件缺失, •表示边缘条件存在, ⊗表示边缘条件缺失, 空白表示该条件无关紧要, 下同。

表5-6结果表明, 六种驱动因素对实现数字文化产业创新生态系统高水平价值共创形成三个等效构型 (H1、H2、H3), 每个构型的一致性均远高于fsQCA设定的标准阈值0.8, 且总体一致性为0.895, 表明三个构型的充分性较高。组态总体覆盖度为0.499, 这意味着成功实现高水平价值共创的案例中, 近50%的案例可用此三条路径进行解释。实现非高水平价值共创的构型仅有一个 (L1), 通过组态间横向对比发现, 实现高水平价值共创的三条等效路径中均存在核心条件 "数字技术驱动、文化共识驱动、产业政策驱动", 而在实现非高水平价值共创的1条路径中此三个因素又同时作为核心条件缺失, 这充分表明它们对驱动价值共创的必要性和重要性。在当前充满挑战的文化环境中, 毫不动摇地坚持和加强党的领导, 稳稳树立文化自信对国家繁荣发展至关重要。通过深化文化共识和协同产业政策, 推动政府、企业、社会组织和个体等各方的积极参与和合作, 借助数字技术实现多元主体的深度协同, 以此推进实现文化强国的建设目标。下面将

对每一条构型进行更深一步的解释分析。

（一）组态路径 H1：文化强国战略下的数字市场驱动型

组态路径 H1 为 IP×DT×ME×CC×PO，其中，数字技术驱动（DT）、市场经济驱动（ME）、文化共识驱动（CC）和产业政策驱动（PO）为核心条件，IP 资源驱动（IP）为辅助条件。该组态结果表明，在文化强国战略大背景下，文化产业借助数字技术的赋能，形成了全新的数字文化产品和相关数字服务，为主体间发展合作开辟了新市场新赛道。

具体而言，路径 H1 驱动价值共创主要从数字产品和数字服务两方面入手：

一方面，数字文化市场内蕴含着更多的商机，而数字产品作为数字文化市场中价值共创的重要载体，主体间会积极通过合作开发新产品，并持续对产品改进以抢占市场，获取经济利益。借助数字技术的赋能，传统文化产业得以开发出各种新形态的数字文化产品，如数字影音、数字藏品、云旅游等。这些数字产品不仅给公众带来了全新的娱乐体验，也为更多创新主体之间的合作发展提供了新的机会和空间。例如，数字电影的制作需要影视制作公司、发行公司、放映平台、科技企业等主体的协同合作，通过共同创造价值实现各方收益。更为重要的是，这些数字产品重塑了消费者与产品、企业之间的关系，为消费者深度参与共创提供了前所未有的机会和平台。例如，由吴文化博物馆推出的"又见江南"数字藏品，通过"无介元宇宙"数字平台将闲置文物资源与文物爱好者、青年创作者等广大公众进行连接，使公众跳脱传统的"背调"合作模式，以全新的姿态参与到产品共创中来，从而共同赋予这些产品更加丰富与鲜活的生命力。

另一方面，数字服务作为数字产品的伴生产物，在产品使用过程中通过提供的各种在线服务和互动体验，大幅增强主体间的信息交流和情感联系，尤其是增强消费者与其他创新主体之间的互动协作，帮助实现产品价值链的延伸和价值协同的最大化。例如，掌阅科技平台通过向读者提供评论、弹幕、月票、社区等系列服务，为读者与作者之间创造了一个实时互动空间，使产品可以在创作过程中不断吸收读者的反馈和建议，实现内容的持续优化。

充满共创机会的数字文化市场持续运行需要优质内容作为底层支撑。同时，在数字经济中市场主体主要围绕 IP 资源建设发展，因此 IP 资源驱动作为辅助条件存在。

（二）组态路径 H2：文化强国战略下的新型需求驱动型

组态路径 H2 为 DT×ME×VD×CC×PO，其中，数字技术驱动（DT）、价值需求驱动（VD）、文化共识驱动（CC）和产业政策驱动（PO）为核心条件，市场经济驱动（ME）为辅助条件。该组态结果表明，在文化强国战略大背景下，企业借助数字技术深入洞察消费者的新型需求，消费者也通过共享行为、购买偏好、社交互动等相关数据，帮助企业预测未来的市场变化和竞争态势，共同开展数字文化新产品新服务的创新开发。

具体而言，随着数字技术的飞速发展和场景应用，消费者的文化需求和行为模式也正发生深刻变化，他们不再被动接受文化产品，而是渴望以新的角色参与产品创作，以此获得个性化、社交化、定制化的新产品。这种需求变化往往给企业带来巨大的创新动力，促使企业主动审视自身业务和拥抱新技术新理念，不断拓展新的市场空间和业务领域，积极向外寻求合作伙伴，共同应对市场变革，以满足消费者的新型需求。例如，橙光游戏捕捉到消费者在数字化时代更关注个性体验这一大需求后，积极同科技公司、影音企业、文娱企业等伙伴展开合作，共同研发代入式互动游戏产品，打破了以往主观单向的价值赋予方式，将游戏部分的设计权和控制权让渡给消费者，使企业同消费者间构建起了一种全新交互关系。

此外，这种新型需求驱动下的价值共创会推动数字市场的形成与发展，进而同步开启由数字市场驱动主体价值共创的新路径。例如，消费者代入式互动体验方式逐步由网游行业应用至数字电影、实景演艺等其他行业领域，为多元主体的价值共创提供更多合作通道，最终为数字文化产业的繁荣发展带来更多商机。

（三）组态路径 H3：文化强国战略下的"内容+科技"双轮驱动型

组态路径 H3 为 IP×DT×ME×VD×CC×PO，其中，IP 资源驱动（IP）、数字技术驱动（DT）、文化共识驱动（CC）和产业政策驱动（PO）为核心条件，市场经济驱动（ME）和价值需求驱动（VD）为辅助条件。该组态结果表明，在文化强国战略大背景下，数字文化产业的高质量发展需要以优质内容为根本、以数字技术为支撑，充分发挥产业独有的 IP 资源裂变优势，推动实现多元主体间从表面的形式合作到深度的价值共创。

具体而言，一方面，数字文化产品的内容质量成为直接决定市场表现和影响力的重要标准，故内容企业需要携手更多主体，投入更多资源来优化产品内容和夯实产业内核。另一方面，数字技术的加持可以为数字文化产品内核提供更多的创意表达方式，通过多维度的开发应用，推动数字文化产品超越原有产业边界，进入"IP+"的外部市场经济层次，带动更多主体的价值共创。例如，国产动画《中国奇谭》能够凭借精彩内容和绝美影视效果成功出圈，离不开上海美术电影制片厂和哔哩哔哩网站的联合制作。在动画获得极高的市场认可后，又吸引了更多创作者和资本企业围绕内容进行衍生创作，推出了与动画相关的周边产品、游戏、主题活动等，为多元主体共创注入源源不断的动力。总之，"内容+科技"的双轮驱动模式，使系统成为要素资源的引力场，能够持续吸引各类主体建立或参与合作，为价值共创注入源源不断的动能。

（四）组态路径 L1：非高水平价值共创构型

即~IP×~DT×ME×VD×~CC×~PO，其中所有条件均为核心条件。该组态结果显示，在缺乏 IP 资源、数字技术、文化共识和产业政策的数字文化生态系统中，即使具备市场经济和价值需求，也不会实现价值共创。这是因为多元主体仅仅表现出了利益需求（市场经济驱动和价值需求驱动——动机：引发价值共创发生的内在原因和直接动力），却不利用客观条件和发挥自身能力将动机转化为行动（文化共识驱动和产业政策驱动——机会：主体在开展共创时可利用的客观条件；IP 资源驱动和数字技术驱动——能力：其会在共创过程中开发多元主体形成 IP 运营和数字应用两大核心能力，共同决定着多元主体开展合作数量和实现共创水平的内在可能性），那么就无法实现高水平价值共创。动机、能力、机会均是价值共创产生的必要前提，但是只有将三者耦合作用，以动机激发主体合作潜能，将利益需求转化为具体的合作目标和行动计划，以能力抓住目标机会，根据市场需求和资源条件，制定出切实可行的实施方案。最后，以机会提供必要支持，利用外部资源和合作伙伴的关系网络，获得必要资源支持，才能实现高水平价值共创。

三、价值共创行为模式构型分析

同样，本书将六种行为模式纳入 fsQCA 组态分析中，案例频数截取值为 3，覆盖率为 89%，原始一致性阈值设定为 0.8，PRI 一致性阈值设定为 0.75，得出组态构型，结果如表 5-7 所示。

表 5-7 数字文化产业创新生态系统价值共创行为模式组态构型

条件变量名称	条件变量符号	VC			~VC
		G1	G2	G3	D1
内容创作模式	cont	●	●	●	⊗
渠道对接模式	chan	●	•		⊗
IP 生态模式	ipec	●	●		⊗
中介合作模式	inte	•	●		⊗
技术赋能模式	tech			•	⊗
政企协作模式	gove	●	●	●	⊗
一致性		0.926	0.925	0.930	0.977
原始覆盖度		0.397	0.407	0.387	0.240
唯一覆盖度		0.032	0.043	0.023	0.240
总体一致性		0.907			0.977
总体覆盖度		0.462			0.240

表 5-7 结果表明,六种行为模式对促进高水平价值共创共形成三个等效构型(G1、G2、G3),每个构型的一致性均远高于 fsQCA 设定的标准阈值 0.8,且总体一致性为 0.907,表明三个构型的充分性较高。组态总体覆盖度为 0.462,这意味着成功实现高水平价值共创的案例中,近 50% 的案例可用此三条路径进行解释。实现非高水平价值共创的构型仅有一个(D1),通过四条组态间横向对比发现,文化企业选择以内容创作模式、IP 生态模式、政企协作模式为核心组合模式,后根据企业自身情况辅之以渠道对接、中介合作、技术赋能三种模式以实现高水平价值共创。数字文化产业发展的根本在于文化内容的底层支撑,发展逻辑在于围绕优质内容打造 IP 生态,因此内容创作模式与 IP 生态模式共同组合成了多元主体实现价值共创的必由之路。另外,在文化强国大背景下,政企协作成为促进多元主体价值共赢的一条必经且关键合作模式。下面将对每一条构型进行具体的解释分析。

（一）组态路径 G1：渠道连接的内容生态模式

组态路径 G1 为 cont×chan×ipec×inte×gove，其中，内容创作模式（cont）、渠道对接模式（chan）、IP 生态模式（ipec）和政企协作模式（gove）为核心条件，中介合作模式（inte）为辅助条件。该组态结果表明，在内容生态模式的基础上增加与渠道运营商的深度合作可以确保数字文化产品在整个价值网络中的顺利推进，为整个价值网络带来更大的价值和效益。

具体而言，一方面，渠道运营商可以帮助内容企业更好地连接衍生企业，通过其提供的全方位的营销推广、市场沟通和渠道管理等专业服务，助力企业协同构建内容矩阵，展开多元合作。这种多元模式不仅有效推动了营销流量向产品价值的快速转变，还显著提高了整个内容生态的竞争力和创新力。另一方面，渠道运营商还能有效连接文化企业与终端消费者，通过其搭建的"文化产品直接触达目标消费者"直连市场模式，实现更多利益主体的价值共赢。这种直连模式不仅提高了消费者的购买便利性和参与性，还为文化企业提供了宝贵的市场反馈和消费者数据，使企业能够更好地把握市场需求、调整产品策略和降低运营风险，同时渠道商也可以借助合作实现自身的业务拓展和市场占有率的提高。

（二）组态路径 G2：中介支撑的内容生态模式

组态路径 G2 为 cont×chan×ipec×inte×gove，其中，内容创作模式（cont）、IP 生态模式（ipec）、中介合作模式（inte）和政企协作模式（gove）为核心条件，渠道对接模式（chan）为辅助条件。该组态结果表明，在内容生态模式的基础上增加与中介机构的深度合作有助于创新生态系统拓宽合作网络，特别是有利于以企业为核心的价值网络体系的强化和拓展，帮助整个内容生态向更高层次、更广领域迈进。

具体而言，一方面，企业同中介机构合作意味着企业可以借助中介机构拥有的丰富资源，如潜在的合作伙伴、投资者和分销商等资源数据，在寻找合作伙伴、吸引必要投资以及拓展市场版图等方面获取重要支持。企业可以借助上述合作，迅速扩大业务范围，拓宽经营渠道，同系统中的更多创新主体建立广泛合作。另一方面，企业可以利用中介机构提供的市场信息、政策动态、人才资源等专业咨询服务，为共创活动提供沟通保障，提高利益主体间的合作效率。借助中介机构所提供的这些服务，企业可以更好地了解市场趋势、合作过程和政策走向，在与其他主体建立合作开展共创时做出更为明智的决策。此外，企业还可以依托中介机构提供的风险评估和风险管理服务，有效规避合作中的潜在风险，并快速采取措施管控风险，确保整个价值网络体系的稳健运行。在合作过程中，风险评估可以帮助企业更好地了解合作方的信誉、能力和潜在风险，为合作的顺利进行提供保障。风险管理服务则可以帮助企业及时应对和化解潜在的风险，避免合作过程中可能出现的问题和纠纷。

（三）组态路径 G3：技术赋能的内容生态模式

组态路径 G3 为 cont×ipec×tech×gove，其中，内容创作模式（cont）、IP 生态模式（ipec）和政企协作模式（gove）为核心条件，技术赋能模式（tech）为辅助条件。该组态结果表明，在内容生态模式的基础上，增加与科技企业或技术人才的合作，有助于文化企业获取技术支持和创新灵感，进一步推动内容创作、生产和消费等各个环节的发展革新，实现价值的深度增值。

具体而言，一方面，数字技术会极大促进文化企业在内容创作、生产、传播和应用等方面的创新发展。通过引入人工智能、大数据、云计算等先进技术手段，帮助文化企业敏锐洞察消费者行为变化，分析市场趋势，进而引导内容创作方向。此外，这些技术还能使文化企业更高效地触达目标受众，促进数字文化产品内容的广泛传播和有效应用，满足消费者多样需求的同时实现商业价值的最大化。另一方面，这些技术会推动文化生态整体在运行、管理和治理等方面的数智化升级。系统通过引入智能化的管理运营工具和搭建开放协同的技术服务平台，可以为系统内所有利益主体的共创实践提供全方位的支持和助力，推动主体间共享资源、交流创意和协作创作等系列合作的最大化价值体现。

（四）组态路径 D1：非高水平价值共创构型

即～cont×～chan×～ipec×～inte×～tech×～gove，其中所有条件均为核心条件。这是一种极为特殊的组态构型，六种行为模式同时作为核心条件缺失，这意味着内容创作模式、渠道对接模式、IP 生态模式、中介合作模式、技术赋能模式、政企协作模式对于实现高水平价值共创而言，缺一不可。创新生态系统的健康运行和数字文化产业的高质量发展是一项由内容创作者、企业、渠道商、中介机构、政府、社会等共同参与的系统工程，只有多方主体各司其职、紧密配合、共同努力，才能真正实现价值共赢这一终极目标。

四、稳健性检验

研究结果的稳健性参考张凡等（2023）的做法，通过提高 PRI 一致性阈值的方式来进行检验。具体而言，将驱动因素构型的 PRI 一致性阈值从 0.75 提高至 0.80，结果如表 5-8 所示。结果显示，高水平价值共创组态的总体一致性由 0.895 提升至 0.921，总体覆盖度由 0.499 降至 0.422，总体差别不大，均满足 fsQCA 设定的研究标准，且所得构型与原组态完全一致。此外，非高水平价值共创组态与原模型结果一致。因此，驱动因素研究结果通过稳健性检验。

表5-8　价值共创驱动因素的稳健性检验

条件变量名称	条件变量符号	VC			~VC
		H1	H2	H3	L1
IP资源驱动	IP	•		●	⊗
数字技术驱动	DT	●	●	●	⊗
市场经济驱动	ME	●	•	●	●
价值需求驱动	VD		●	•	●
文化共识驱动	CC	●	●		⊗
产业政策驱动	PO	●	●	●	⊗
一致性		0.903	0.897	0.922	0.962
原始覆盖度		0.399	0.442	0.433	0.250
唯一覆盖度		0.034	0.032	0.022	0.250
总体一致性		0.921			0.962
总体覆盖度		0.422			0.250

同样，将行为模式构型的PRI一致性阈值从0.75提高至0.80，结果如表5-9所示。此时，高水平价值共创组态的总体一致性由0.907提升至0.935，总体覆盖度由0.462降至0.440，总体差别不大，均满足fsQCA设定的研究标准，且所得构型与原组态完全一致。此外，非高水平价值共创组态与原模型结果一致。因此，行为模式研究结果通过稳健性检验。

表5-9　价值共创行为模式的稳健性检验

条件变量名称	条件变量符号	VC			~VC
		G1	G2	G3	D1
内容创作模式	cont	●	●	●	⊗
渠道对接模式	chan	●	•		⊗
IP生态模式	ipec	●	●	●	⊗
中介合作模式	inte	•	●		⊗
技术赋能模式	tech			•	⊗

续表

条件变量名称	条件变量符号	VC			~ VC
		G1	G2	G3	D1
政企协作模式	gove	●	●	●	⊗
一致性		0.907	0.914	0.934	0.977
原始覆盖度		0.412	0.407	0.376	0.240
唯一覆盖度		0.032	0.043	0.023	0.240
总体一致性		0.935			0.977
总体覆盖度		0.440			0.240

第四节　前因条件互补替代分析

通过组态分析，本书揭示了由驱动因素组合而成的三条价值共创高水平等效路径和一条非高水平价值共创路径，以及由行为模式组合而成的三条价值共创高水平等效路径和一条非高水平价值共创路径，具体如图 5-2 所示。

从驱动因素看，实现高水平价值共创的三条等效路径，分别是文化强国战略下的数字市场驱动型、文化强国战略下的新型需求驱动型和文化强国战略下的"内容+科技"双轮驱动型。构成非高水平价值共创的唯一路径是仅有市场经济驱动因素和价值需求驱动因素存在，其他驱动因素缺失。综合四条路径可知，数字技术驱动、文化共识驱动、产业政策驱动是实现高水平价值共创的核心关键条件。

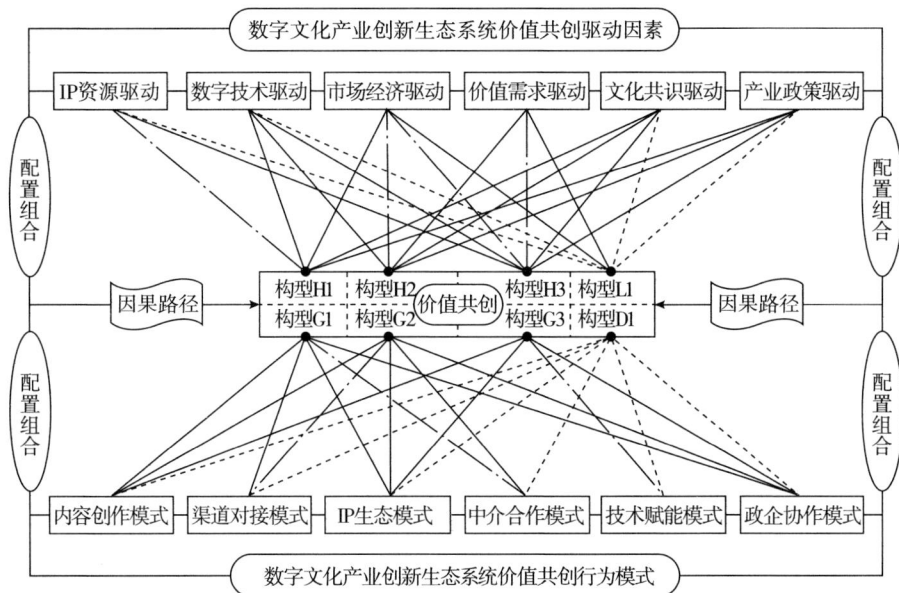

图 5-2　数字文化产业创新生态系统价值共创路径

注：图中实线表示核心条件存在，点线表示辅助条件存在，虚线表示核心条件缺失。

从行为模式看，实现高水平价值共创的三条等效路径，分别是渠道连接的内容生态模式、中介支撑的内容生态模式和技术赋能的内容生态模式。构成非高水平价值共创的唯一路径是六种行为模式同时作为核心条件缺失。综合四条路径可知，文化企业选择以内容创作模式、IP 生态模式、政企协作模式为核心组合模式，后根据企业自身情况辅之以渠道对接、中介合作、技术赋能三种模式以实现高水平价值共创。

为进一步研究条件变量之间的互动关系，深化驱动因素和行为模式对价值共创的影响机制，本书通过互补或替代关系分析阐释条件变量间的内在联系。基于组态分析结果对前因条件间的互动关系进行初步判断，参照 Misangyi 和 Acharya（2014）的研究成果，互补关系判断标准按照"两个前因变量同时存在或缺席"条件进行，替代关系判断标准按照"两个前因变量无法在构型中共存"条件进行。通过对比驱动因素促进价值共创的组态构型（H1、H2、H3、L1）后发现，数字技术驱动和文化共识驱动、数字技术驱动和产业政策驱动、文化共识驱动和产业政策驱动高度符合互补关系特征，六种驱动因素之间不存在彼此替代关系。通过对比行为模式促进价值共创的组态构型（G1、G2、G3、D1）后发现，内容创作模式和IP生态模式、内容创作模式和政企协作模式、IP生态模式和政企协作模式高度符合互补关系特征，六种行为模式之间不存在彼此替代关系。

初步判断发现，前因条件之间不具备替代性，这表明单一要素对价值共创的促进作用具有独特性。以行为模式为例，内容创作模式推进优质价值持续产出，渠道对接模式负责价值最大限度有效传递，IP生态模式确保价值在整个系统中循环迭代，中介合作模式关系资源流通与利用匹配，技术赋能模式支撑产业数智化发展，政企协作模式引导和保障共创实践，每一种行为模式吸引着不同主体集聚，承载着不同系统功能，对于系统稳定运行和高水平价值共创而言缺一不可。因为初步判断已经否定了前因条件替代性的存在，故不再利用"fuzzy or"函数对其进行检验。

对于初步判断中发现的互补关系，利用fsQCA 3.0软件中的"fuzzy and"函数构建两两关联的前因条件新集合进行验证，结果如表5-10所示。若新条件集在运算后其一致性和覆盖度大于或等于原有结果，则证明互补关系通过检验。

表5-10　前因条件的互补分析结果

前因条件集合	一致性	覆盖度	关系
数字技术驱动和文化共识驱动	0.895	0.502	互补
数字技术驱动和产业政策驱动	0.899	0.530	互补
文化共识驱动和产业政策驱动	0.971	0.749	强互补

前因条件集合	一致性	覆盖度	关系
内容创作模式和IP生态模式	0.937	0.622	强互补
内容创作模式和政企协作模式	0.910	0.520	互补
IP生态模式和政企协作模式	0.907	0.462	互补

　　表5-10结果显示，数字技术驱动、文化共识驱动和产业政策驱动之间具备互补性，内容创作模式、IP生态模式和政企协作模式之间同样具备互补性，结果证实了三种驱动因素或三种行为模式同时存在时，彼此之间会相互补充、协同进化，从而对价值共创产生更强的促进作用。其中，文化共识驱动和产业政策驱动之间存在着强互补关系，充分表明了二者功能相互促进，且目标高度一致。二者都旨在推动产业发展和提升国家文化软实力，政府可以借助文化共识产生的凝聚力快速并有效推动产业政策的制定与落实，同时在文化强国战略的顶层布局下，社会的精神动力又得到再次强化，由此实现价值在文化链和政策链的良性互动。内容创作模式和IP生态模式之间存在着强互补关系，充分体现数字文化产业中内容与品牌间的紧密联系。内容创意模式聚焦于创意产出，IP生态模式则是对原创内容的创新开发与多元运营，二者结合实现了价值的持续创造和最大释放。

第六章 价值共创导向下数字文化产业创新生态系统发展路径

本章在前述研究结论的基础上，结合国内外数字文化生态建设的典型经验，提出价值共创导向下的数字文化产业创新生态系统发展的提升路径。

第一节 国内典型经验

国内典型经验选取广东、江苏、北京作为借鉴对象。

一、广东

广东是全国建设数字文化生态较早的省份。在诸多创新政策的引领与支撑下，广东迅速利用先发优势，构筑创意高地，截至 2022 年底，其以文化及相关产业增加值连续 20 年居于全国首位的蓬勃之势，和意在 2025 年前高标准建设 15 个以上创意园区的奋进之姿，充分展现出了广东在数字文化生态建设中的强大实力。

回顾广东数字文化产业创新生态系统的建设历程（见图 6-1），发现广东现阶段数字文化生态建设是一种以原本文化生态为基建的数字化升级和国际化开放。依托前期良好建设，信息产业基础扎实、应用消费场景宽阔、文化产业内容领先优势初步形成等有利资源为广东数字文化生态建设创造了极佳发展空间。在大体完整的系统框架基础上，广东以数字技术为核心驱动力，以共创共赢为建设总揽，驱使数字文化生态系统完成专业化、高端化和国际化的蜕变。

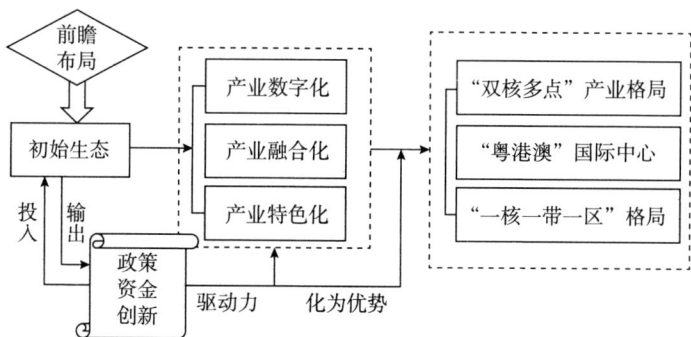

图 6-1　广东数字文化生态建设路线

从广东数字文化生态建设的经验中，得出以下实践启示：

第一，将驱动化为优势的发展脉络是布局数字文化生态的建设逻辑。广东文化产业的巨大成功离不开政策、资金、创新等生产要素的合力助推。更关键的是，这些驱动因素还同步转化成了独特优势，对应形成了广东数字文化生态的建设路径。完善的政策体系、稳定的金融杠杆和向上的发展氛围充分培养了创新主体的战略洞察能力和开拓进取能力，形成了以政府引导为首、以市场配置为主、以内容创新为核的前瞻生态布局。这种将驱动化为优势的策略铺设了广东数字文化生态的构建路径，使其在这一领域始终处于领先地位。

第二，数字技术的可赋能性为生态创新发展带来强有力支撑。广东将数字技术融入文化产业的方方面面，为产业发展打造了一副"柔性外骨骼"。具体来说，广东利用数字渗透实现生产资源、创意内容到全链全网全生态的智能化转型，为产业发展提供技术解决方案和创新活力；利用数字融合培育"数字文化+"产业发展，探索新经济增长点，以此打造文化新业态策源地和文化创意新高地；利用数字赋能重点发掘岭南文化、客家文化、广府文化等特色文化资源，重点布局电竞行业、动漫行业、制造行业等优势产业要素，深度融入垂直细分领域，进一步巩固领先地位和发展产业生态。

第三，数字文化生态的进阶建设应具备国际合作的远大视野。在全球化日益加速的今天，国际合作成为推动数字文化生态繁荣的关键因素。广东在推动数字文化生态建设的过程中，一方面积极开展跨境合作，建设国际文化交流平台，引进国外优质资源和先进理念，另一方面积极探索海外市场，通过"粤港澳"国际中心打通对外贸易通道，输出优秀产品和服务。通过这种双管齐下的策略，广东数字文化生态不仅在国内得到了长足发展，也在国际舞台上崭露头角，展现了非凡的实力。

二、江苏

江苏省作为文化强国先行区里的"先行军"，率先开启了科学探索数字文化生态的建设标准与方法之路。在这条充满未知的道路上，江苏确立了

"两中心三高地"的顶层战略部署，擘画了"三轴一圈"的空间蓝图，坚持守正创新，不囿于一域，突破产业、地区、文化等限制布局生态，为中国数字文化生态的建设事业贡献了江苏智慧。

回顾江苏数字文化产业创新生态系统的建设历程（见图6-2），发现江苏数字文化生态建设主要围绕"水文化"这一资源中心词和"区域一体化"这一共创关键词展开。江苏"江河湖海集聚"的地形特色为其打造了独有的水文化资源，在明确"水韵江苏"发展方向的行动指引下，结合沿海临海的地理优势，省内省外地区联动，最终建立了涵盖多领域的产业链协同体系。

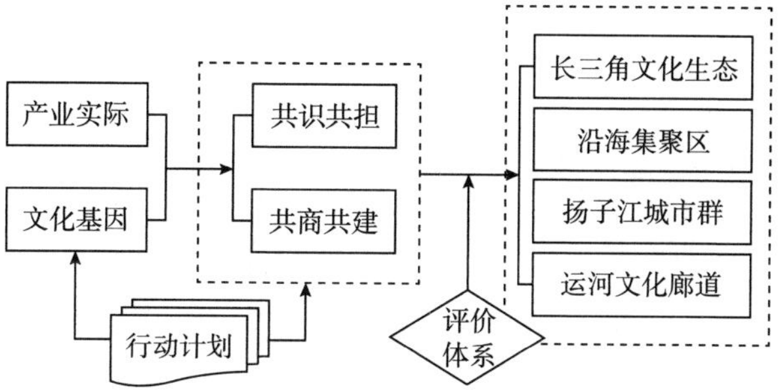

图6-2　江苏数字文化生态建设路线

从江苏数字文化生态建设的经验中，得出以下实践启示：

第一，清晰准确的战略定位和发展方向是数字文化生态建设的总方针。江苏将数字文化产业视为经济增长的新动能新引擎，在诸多省政府工作报告中再三强调加快发展现代文化产业和培育新型文化业态是未来发展的工作重点。在此基础上，江苏各市围绕"跨江枕河"的资源中心，有序推进"水文化"相关文化IP项目建设，不断擦亮城市名片，持续凸显文化标识。

举一纲而万目张，在"水韵江苏"这一数字文化生态建设中心词的引领之下，各项行动计划也随之展开，进而形成各市发展却同频共振的一体格局。

第二，资源配置基础上的区域联动是推动数字文化生态建设的重要手段。江苏将"一江一河"作为生态布局的发力点，积极推动区域协同发展。向内形成了以南京、苏州、连云港等重要城市为中心的城市创意集群，以点连线扩面，将 13 个地级市全体接入数字文化生态建设中。向外贯彻协同理念，全面铺开"三轴两圈"式空间蓝图，为本省数字文化产业的发展提供全新的平台载体与创意引擎，形成了更高标准和更加开放的宏大格局。这种区域联动的模式促进了资源共享、优势互补，推动了江苏省数字文化产业的高质量发展。

第三，优势产业带动下的各产业链协同是数字文化生态建设的核心策略。江苏省在数字文化生态建设中，全力挖掘文化与其他产业可能产生的化学反应，利用产业间的碰撞，催生出了"文化+科技""文化+金融""文化+制造"等新一批跨界融合项目。除了停留在浅层上的产业融合之外，江苏还注重发挥优势产业的引领带动作用，根植于雄厚的制造业、软件业、轻工业等产业，各地级市凭借自身优势产业错位发展，相互配合，形成涵盖创意链、产业链、供需链的全链生态体系。

三、北京

北京在数字文化生态建设中高举"和而不同、协同万邦"的思想旗帜，汇集各方力量，瞄准中心地位，大力实施"文化+"战略，建立健全"1+N+X"的文化经济政策体系。截至 2023 年底，北京数字文化产业营业收入再度超千万亿元，数字产业集群、文化园区、行业龙头企业、独角兽企业等数量继续领跑全国，为谱写新时代数字文化生态建设新篇章做出了首都贡献。

回顾北京数字文化产业创新生态系统的建设历程（见图6-3），发现北京相较于广东和江苏而言，更强调城市空间布局的概念。北京数字文化生态建设是以城市居民价值需求为落脚点，以"古都、红色、京味、创新"四大文化为建设火车头，以市内市外地区协同为总动力的产城融合生态布局。这种融合格局形成的主要原因在于北京作为全国首都，是中国对外展示的首要窗口，其特殊地位、文化底蕴和经济实力推动北京着重构建以城市为中心的数字文化产业创新生态系统。

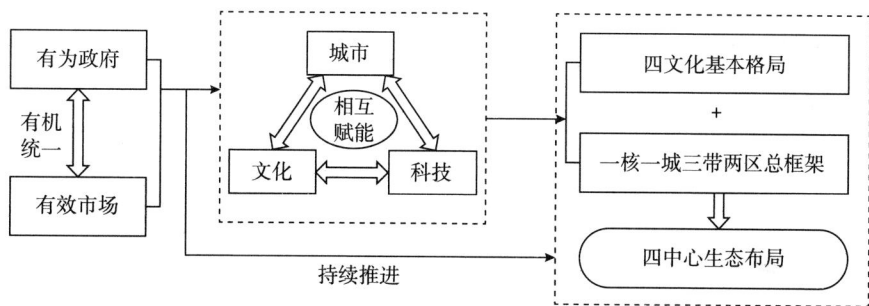

图6-3 北京数字文化生态建设路线

从北京数字文化生态建设的经验中，得出以下实践启示：

第一，科学完善的政策体系既是生态建设的推动力，也是生态发展的支撑力。北京针对本市数字文化产业的发展构建了"1+N+X"的系统性政策体系，通过一系列政策组合拳综合布局、顶层设计、重点建设、精准施策，加快推进实现数字文化产业高质量发展的步伐。除此之外，北京还重视政策在整个数字文化生态运行过程中的维护和支持作用，比如专设财税、人才、类型企业、扩资融资等方面的要素支撑性政策，以此保障数字生态的稳健运行。在这样的系统定位和多维支持下，北京营造了有利的政策生态环境，推动了数字文化产业的可持续发展。

第二，以数字技术为撬动点的供需互促是系统形成新良性循环的关键点。北京积极应用数字技术优化产业结构，改进商品功能，挖掘文化消费新场景新热点。一切数字技术的赋能形式都是围绕城市居民价值需求所展开的，比如，北京积极推进"智慧+"式子生态系统，以此满足市民文化社区、文化旅游、文化教育等需求。北京不断地运用数字化手段引领文化产业供给创新升级，以价值需求牵引市场空间培育建设，并结合完善的系统性政策体系措施夯实文化供需基础。得益于数字供给机制与文化需求体系两端发力，北京数字文化生态内部的主体良性互动和外部的跨界融合发展得以协同互促，最终推动系统整体的健康发展和持续升级。

第三，产城融合式生态布局是区域协同的深化手段。北京凭借以数字技术为撬动点的供需互促实现了数字文化生态的内外部良性循环。在此基础上，北京利用产业与城市之间的相互赋能，形成了协同密切却功能不一的特色园区，充分激发了产业活力并展现了场景魅力，真正实现了将整个数字文化生态根植于城市，并形成了彼此相生相息的自然生态。这种自然生态强化了创新主体、创新要素和创新环境之间的连接关系，"互相依赖、互相支撑、共同发展"的深度协同理念深深刻在了系统发展的内在基因序列上。

四、省份共创动因对比

从价值共创的动因切入，将六种驱动因素对广东、江苏、北京三省市数字文化生态建设的影响力绘制在图 6-4 中。

	IP资源	数字技术	市场经济	价值需求	文化共识	产业政策	影响程度
广东	重点发掘岭南、客家、广府等特色文化资源,重点布局电竞、动漫、制造等优势产业要素	推动系统实现从生产资源、创意内容到全链全网全生态的智能化转型	省内+"粤港澳"国际双贸易市场	更深层次更高阶段的需求追求	将驱动化为优势的发展共识	完善的政策体系、稳定的金融杠杆和向上的发展氛围共同组成生态政策	极高
江苏	各市围绕"跨江枕河"的资源中心,有序推进"水文化"相关文化IP项目建设	"文化+科技+优势产业"式赋能	"三轴一圈"式区域联动市场布局	各市特色发展却同频共振的需求格局	"水韵江苏"数字文化生态建设共识	政府再三强调加快发展现代文化产业和培育新型文化业态是未来发展的工作重点	高
北京	"古都、红色、京味、创新"四大文化资源建设引擎	科技、文化、城市相互赋能	以数字技术为撬动点的供需互促	以城市居民价值需求为生态建设的总落脚点	全国中心及对外展示首要窗口生态共识	"1+N+X"的文化经济政策体系	略高

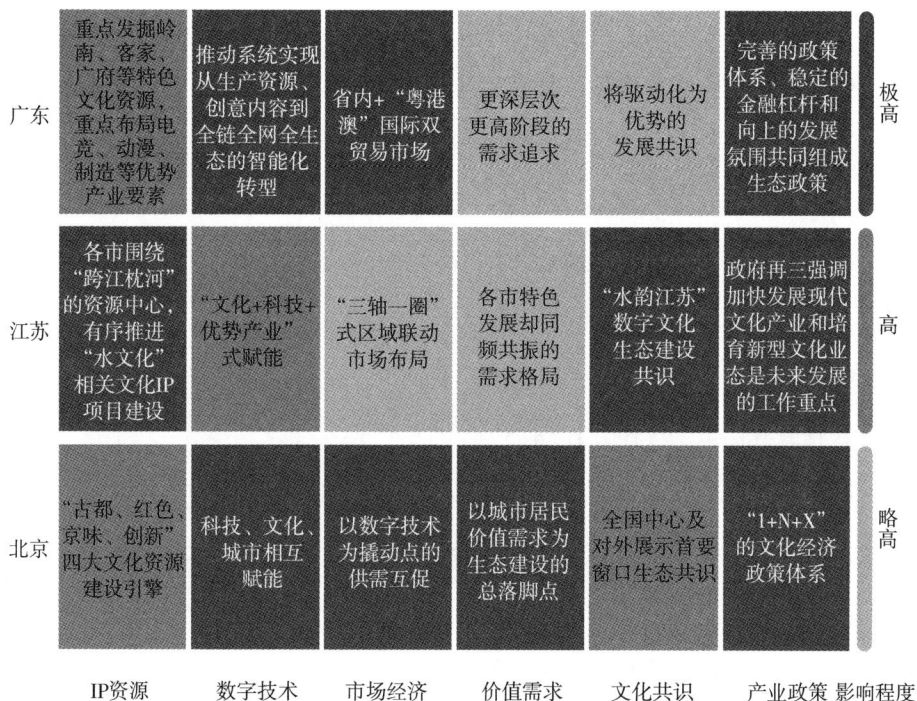

图 6-4　驱动因素对省市数字文化生态建设的影响力度

将图 6-4 对比第五章所得的由驱动因素组合而成的高水平价值共创路径后可知,广东数字文化生态建设属于典型的文化强国战略下的数字市场驱动型路径(构型 H1),其强调的是通过研发和应用数字技术来推动产业市场的发展与壮大,后利用市场所构筑的优势强化产业内部创新和打通连接国际市场的通道。江苏属于典型的文化强国战略下的"内容+科技"双轮驱动型路径(构型 H3),其注重通过科技创新和技术进步来充分激活现有文化资源,发挥 IP 资源裂变效应,使数字文化生态能够从源头上重构和调整内在意识形态,助力中国数字文化产业向价值链高端跃升。北京则属于复合型的文化强国战略下的数字市场与新型需求驱动型路径(构型 H1 和

H2），其坚持以价值需求为基点，利用文化、科技与城市三者之间的相互赋能，推动文化产业应需而变，使数字文化生态系统为民而生。

从广东、江苏、北京三省市的数字文化生态建设实践中可知，六大驱动因素都对其促进创新主体高水平价值共创，最终推进系统高质量建设拥有高影响力。然而，这些驱动因素的具体影响程度之间存在着细微差别，可以分为略高、高、极高三个程度。这种差别是基于各省份的历史背景、产业结构以及经济发展水平等资源差异而产生的，也正因此，不同省份形成了具有地方特色的生态建设路径。

综上可知，创新主体在寻找数字文化生态发展方向和制定生态建设策略时，落脚点应该放在地区本身的实际发展上，要综合考虑每一种驱动因素的影响力度，不要妄想"平均分配"或"顾头不顾尾"，因地制宜才是数字文化产业创新生态系统建设的底线逻辑。

第二节　国际典型经验

国际典型经验选取美国、英国、日本三个国家作为借鉴对象，一方面是因为这三个国家的数字文化生态建设起步早、层次多、覆盖广，已经形成了系统体系和取得了优秀成果。数字文化产业不仅成了它们各自国民经济的重要支柱之一，相关产品和文化理念还成功进入了中国市场，并在国内形成了一定的消费群体。另一方面是因为这三个国家除了是数字文化生态建设领域内的翘楚之外，更重要的是它们分别位于美洲、欧洲和亚洲三个不同的地区，地理位置距离遥远，这意味着三个国家在数字文化生态建设过程中可能存在着小部分相似之处，但更多的是各自"因地制宜"形成的生态建设路线和合作价值网络，这将对中国建立具有中国特色的数字文化产业创新生态系统产生更大的指导意义。

一、美国

美国是世界上最大的经济体，拥有强大的经济实力和科技创新能力。借此优势美国将先进的技术成果应用于文化产业，交织并持续深化数字技术应用和文化产业创意的两条发展脉络，政府、企业、中介机构等多方主体通力合作，创造出了一个全新的世界级数字文化生态体系，产业由此获得了规模化、专业化、国际化发展，美国也进一步强化了作为世界文化影响力最强国家的中心地位。

回顾美国数字文化产业创新生态系统的建设历程（见图6-5），发现美国数字文化生态建设遵循的是"文化产业经济化"发展逻辑。由政府作为引导者，鼓励企业进入文化产业领域，联结其他主体，运用政策、技术、贸易等各种杠杆因素，配套完善强劲的文化政策管理机制、市场经济运作机制、内容生态运作机制、数字技术创新及应用机制，在内容生产、数字融合、版权保护等各个关键环节占据数字文化产业链的创新高地，由此确立并不断巩固以美国数字文化生态为中心的国际数字文化生态系统结构。

从美国数字文化生态建设的经验中，得出以下实践启示：

第一，法律法规与行业自律两方引导，为系统运行提供良好保障。美国政府依据产业发展构建了涵盖财税、金融、人才、进出口贸易等多环节的系统化法律体系，尤其是版权保护模块，可谓全球国家之中内容最详尽、保护维度最广和惩罚力度最大的法律机制。在政府宏观调控的大框架下，独立组织，如行业协会等会自发形成基于市场运作的行业自律管理方式，

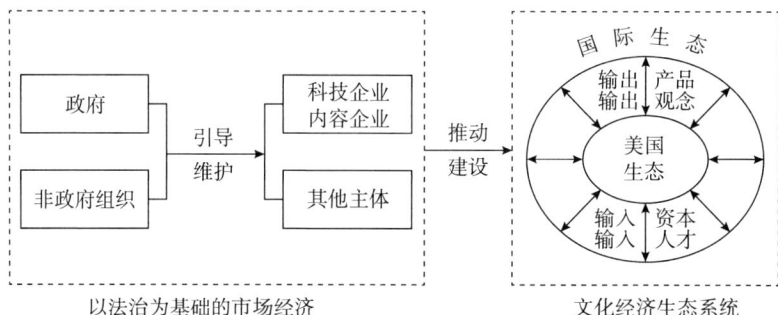

图 6-5　美国数字文化生态建设路线

一是通过共同参与和监督管理保证法律政策制定的合理性，二是通过制定行业标准和技术规范，促进市场主体之间的有效合作和良性竞争。这种双重引导的方式为数字文化产业的健康发展提供了有力保障。

第二，正确发挥市场作用，以此形成特色的文化经济生态系统。美国数字文化产业的蓬勃发展最根本和最强劲的驱动力来源于经济市场。美国将文化定义为商品，对其内涵的价值理念进行现代式的美国英雄主义填充，以此最大限度地规避文化底蕴不足的问题，并创造商品通用及实用优势。后对商品严格按照市场规律实行商业运作，政府主要负责监管，不直接干预市场，市场主体自发调节，主导开发衍生品市场，深度挖掘一切可创造利润的文化资源。专业化和系统化的商品生态运作模式逐步走向成熟，其内涵的市场力量也进一步成为数字文化产业高质量发展的动力引擎和催化剂。

第三，充分运用高科技优势创新产业发展模式，提升产业价值层次。美国认为技术是决定国家发展的关键领域，为了使文化商品更加具有国际竞争力，更快占据国际市场中的重要位置，美国大力倡导"数字+"的经济发展模式，通过运用最新的数字技术手段，不断变换和更新商品呈现模式，提升消费体验，挖掘潜在商业机会，由此较早形成了以数字电影、动漫游戏、文化体育、新闻出版等优势行业为主导，以数字创意与技术驱动相互赋能为支撑，市场遍布全球的完整数字文化产业生态系统。

二、英国

英国数字文化生态建设起步早，发展迅速。自 1998 年在政府文件《英国创意产业路径文件》中正式确认"创意产业"概念后，便逐步推进组织管理、研发生产、资源配置、财政支持等方面的机制建设，初步构建了相对完整的文化产业生态系统。2015 年，英国察觉到创意产业必须转型的深刻压力和未来数字经济的大潮冲击，以数字经济为先导，开启"数字文化生态"转型之路，各项文创 IP 建设项目加速落地，产业创意质量、运行效率和竞争能力大大提升。

回顾英国数字文化产业创新生态系统的建设历程（见图 6-6），发现英国数字文化生态建设具有全方位战略部署、鼓励多元主体参与、重视创意产出等显著特点。国家所提政策框架相对务实，主要以经济发展为抓手，公众则充分利用"公私合谋"途径，除了提高市场回报额外，更多的是发展及享受创意。鉴于此，英国数字文化生态呈现出一种更开放、更流动、更自然的系统结构，这使创意单元与其他产业的碰撞触点更加灵敏，从而增强了数字文化生态与国家经济间的反馈效应及其与国际生态间的溢出效应。

从英国数字文化生态建设的经验中，得出以下实践启示：

第一，制定高效协调的文化管理体制，顶层部署产业发展策略。英国文化管理方式突出"大文化"概念和重视"数字转型"理念，专设 DCMS 部门（数字、文化、媒体和体育部），统一制定并综合管理文化产业，重点

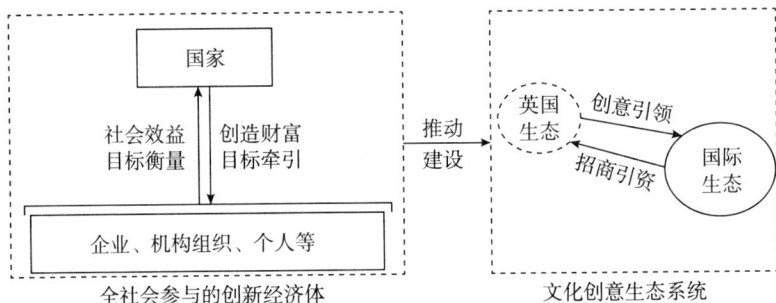

图6-6　英国数字文化生态建设路线

部署产业数字化工作。各项政策实施遵循"一臂之距"原则，实行三级文化管理体制，由 DCMS 部门顶层纵向管理和指导产业发展，由地方政府部门和非政府部门精准横向引导和把控政策落实，各部门分工合理，职责明确，共同为产业的高质量发展提供行动纲领。

第二，在创新源头持续深耕，并以此为基点形成深度开发的商业价值链。对于英国数字文化生态中的系统主体而言，通过集中资源共同协作去打破常规、开拓创新成为一种产业共识。社会主体不围于商业经济论，更多的是对独到与卓然的创意产品与文化理念的艺术追求，从创意本质寻找数字文化产业的灵魂属性，以此成就创新精神和才华兼备的国际盛誉。而国家真正站稳创意中心的国际立场，归功于商业操盘手对创意 IP 的深度开发。英国塑造了"打造 IP—全球引爆—版权出口—衍生回报—外溢拉动"的商业模式，创造新的价值增长点。

第三，重视创意教育及人才培养，从根本上支撑创意产出。英国对创意人才的培育是从基础抓起且多举措并行的。小学就开设多种艺术课程，以此培养孩子的艺术鉴赏力、想象力、创造力。在高等教育领域，早在 20 世纪，英国就已开设了以文化创意产业为发展方向的大学课程，通过建立产学研相结合的培养机制，推进教育改革，进一步提升人才的各项创意能力。数字转型阶段，英国又通过建立数字教育机制和数字技能评价标准，提升数字人才供给的数量与质量，为数字文化生态的良好运行提供源源不断的人才动力。

三、日本

日本数字文化生态相较于英美两国数字文化生态而言，其地域特色和产业特色更为明显，以至于生态系统延伸出的产业链也更偏向于本土文化的创意表达和文旅融合。在数字文化生态的持续建设中，为了摆脱外资对本土产业的影响与控制，日本紧抓本土文化内核特色，围绕产业优势布局生态功能，集中力量提高内容动力，推动数字转型重塑表达方式，使文化产品成功在国际竞争中脱颖而出，使生态理念赢得了世界同行的广泛认可与学习。

回顾日本数字文化产业创新生态系统的建设历程（见图6-7），发现日本数字文化生态是在"产学官"三方协同发展中逐步形成的，其中政府担任了主导角色，负责引导多元主体合作和把控产业发展大方向。日本的数字文化生态系统运行机制，尤其是商业逻辑，很大程度上受到了欧美数字文化生态的影响，文化产品价值内核也同步注入了欧美文化理念。日本数字文化生态除了融通欧美数字文化生态运行逻辑外，还吸收了亚太数字文化生态的运行特点，基于自身发展历史、经济基础、产业实际、国际地位等因素的考量，经过吸收、整合、转化、发展等步骤，形成了一套独特的内容自循环体系，对国际数字文化生态产生了非主观性的文化溢出影响。

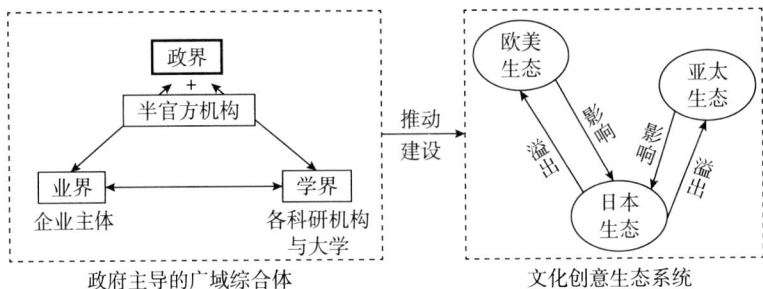

图 6-7　日本数字文化生态建设路线

从日本数字文化生态建设的经验中，得出以下实践启示：

第一，重视文化产业的法治化治理，充分发挥政府的主导及纽带作用。在日本数字文化生态中，日本政府直接参与并主导数字文化产业的发展，从知识产权保护、文化振兴、国内外发展、数字化转型等多维度，颁布实施了一系列政策。除了政策主导外，生态系统实际运行过程中的各类平台运作与成果评估，多样主体合作项目的沟通与协作，以及大方向上的决策职责，也基本上由政府发起并主导成立的协会机构完成。较为统一的决策管理机制对应日本国情，有效助力了数字文化产业的长久运行与高质量发展。

第二，全民参与建设数字文化生态，底部培养创新意识与工匠精神。日本社会对数字文化产业的关注度是极高的，这不仅体现在政府的政策支持上，也体现在民间的广泛参与和投入中。日本民众普遍对数字文化产业的发展有浓厚的兴趣和热情，他们积极参与到数字内容的创作、分享和消费过程中，形成了一个活跃且多元的数字文化社区。同时，日本的传统教育体系也注重培养学生的创新意识和工匠精神，这些素质在数字文化产业的发展中起到了关键的作用。在实际参与过程中，民族文化自豪感、责任感、自律意识又推动了产业的优质发展。

第三，聚焦优势产业，找准国际传播价值定位。在数字文化产业发展特色方面，日本将数字动漫和数字游戏作为主要发展战略，以点带面、点面结合，进而盘活文化产业发展全局。日本充分利用这一产业优势，打造具有明显日本色彩的文化符号，对内制定广域文旅交叉发展模式，坚持贯彻国家品牌路线，对外积极推动保留国家品牌特色的动漫和游戏产品的出口以及二次衍生，输出定位准确，且针对性强。

四、国家共创模式对比

从价值共创的模式切入，将六种行为模式在美国、英国、日本三国数字文化生态建设中的实施力度绘制在图6-8中。

	内容创作	渠道对接	IP生态	中介合作	技术赋能	政企协作	实施力度
美国	市场定位，实施内容创作	多样且完善的内外渠道联动	以优势行业为主导、以数字创意与技术驱动、以相互赋能为支撑的数字文化经济系统	行业管理体系去行政化，中介与企业联系密切	大力倡导"数字+"的经济发展模式，研发和运用最新的数字技术手段	政府主要负责监管，市场主体自发调节，主导开发文化市场	极高
英国	经济目标牵引，但不囿于商业经济论，从生活本质创作内容	基础环境成熟，渠道网络完整，全民支撑	在创新源头持续深耕，并以此为基点形成深度开发的创意生态系统	各类专业机构从各个角度、各个层面为政府、企业和个人提供专业服务	重视"数字转型"理念，专设DCMS部门负责产业数字化工作	政府以经济发展为抓手，企业利用"公私合谋"途径获取所需资源	高
日本	开放文化与本土文化兼容，底部培养且全民重视	各个功能环节都由统一管理渠道推进保障	优势产业以点带面、点面结合，打造国家文化品牌，进行统一规划管理	作为补充政府职能的中介机构存在	专设数字文化产业协会，重点布局优势产业以及国家工业融合	"产学官"三方协同，其中政府主导	略高

图6-8　行为模式在各国数字文化生态建设中的实施力度

将图6-8对比第五章所得的由行为模式组合而成的高水平价值共创路径后可知，美国、英国、日本三国的数字文化生态建设均遵循内容生态组合模式，符合组态路径测算出的大概率结果。依据国土实情，六大行为模式的具体实施力度有所不同。美国以数字经济为定位，每一种共创模式都服务于文化市场，路径组合成熟且都处于高活跃状态。英国数字文化产业虽同样由经济目标牵引，但是生态系统中的多元主体在合作时更注重创意核心，尤其是各类专业性质的中介机构从各个层面为其他主体间的共创提供了有利创新支持。日本则呈现出了明显的全员参与、"产学官"三方掌舵、政府主导的生态局面，既融合了美国数字文化生态的经济逻辑，又表达出了具有民族特色的创意内容。

以上结果表明，多元组合的共创模式可以有效促进文化产业的繁荣发展，具体组合形式是以内容创意和数字技术的结合为底座，辅以中介平台、渠道体系、政策体系等多元元素的支撑。

第三节　发展路径

一、强化多重动因，灵活开展共创实践

数字文化产业创新生态系统的稳定运行和健康发展，离不开系统创新性、开放性、融合性、协同性和健康性的全面提升。其中，系统协同性尤为关键，它是指多元主体在整个价值互动过程中始终保持方向一致的协调与合作，从而确保系统朝着有序积极的方向发展。然而，在数字文化产业

创新生态系统中，价值共创的成功开展并非易事，它依赖于以市场经济和价值需求这一动机为引导、以文化共识和产业政策这一机会为平台、以 IP 资源和数字技术这一能力为支撑的多元主体。因此，强化多重动因，灵活开展共创实践，不仅是实现高水平价值共创的必由之路，也是推动数字文化产业创新生态系统持续发展的核心所在。

具体而言，共创实践的灵活性必须以深入理解各方参与主体的动机为基础。这些动机可能源于创新主体对核心利益的追求，也可能源于创新主体对社交、知识或个性化的渴望。在策划和调整价值共创活动时，必须充分考虑并利用这些动机，以激发各方主体的积极性和投入度。

同时，机会在共创实践中同样发挥着举足轻重的作用。它提供了一个让各方主体相互作用、资源共享的环境空间，为价值共创造就了便利条件。在共创实践中，多元主体应充分利用由文化共识提供的凝聚平台，敏锐捕捉由利好政策提供的变革机遇，积极寻找并把握各种机会，为主体间的深度合作与交流创造有利条件。

此外，能力也是实现价值共创的核心要素。对于数字文化产业而言，这既包括 IP 运营能力，如 IP 的创造、推广和开发等，也包括数字技术能力，如数据分析、数字创新和数字保护等。在共创实践中，多元主体应充分利用合作活动，开展深入且持久的协同共创，不断提升这两大核心能力，并同步形成环境感知、资源配置等系统动态能力，从而确保价值共创活动的顺利进行。

最终，需将动机、机会和能力相匹配，并将三者与价值共创紧密结合，引导多方主体开展针对性强、灵活性高的共创实践，持续实现多元主体的价值增值与共赢，有力推动数字文化产业创新生态系统向更高质量迈进。

二、权衡多样行为，有机组合共创模式

在数字文化产业创新生态系统中，实现高水平价值共创还需要精细地权衡各方参与主体的多样行为，并巧妙地将不同的共创模式进行有机组合。这不仅是对系统复杂性的深入应对，更是对创新潜力的全面挖掘与共创价值的长尾释放。

首先，精准识别并深刻理解数字文化产业创新生态系统中各方参与主体的共创行为特征。这些主体包括但不限于内容创作者、技术提供者、渠道分销商、消费者、政府以及数字文化产品衍生制造企业等。他们的共创行为受到自身利益、能力水平、认知差异和市场环境等多方面因素的影响，因此，在共创实践中，必须充分考量这些行为差异，制定高度针对性的策略，从而有效激发各方主体的积极性和创造力。

其次，在共创模式的选择上，需要结合创新主体自身的利益诉求以及共创实践的发展情境进行细致权衡。内容创作、渠道对接、IP 生态、中介合作、技术赋能和政企协作等多样共创模式各具特色，也各有其适用范围。因此，在实际应用中，需要根据具体情境，对这些模式进行灵活组合，以构建最适合当前环境的共创方案。同时，还要关注这些行为模式之间的互补性与替代性，形成既适合当前环境，又最省资源和时间的最优共创方案。

最后，注重共创方案的动态调整与优化。随着系统环境的变迁和参与主体行为的变化，原有的共创模式可能逐渐失去其适用性。因此，需要建立一套高效的反馈机制，帮助共创主体及时收集并分析共创过程中的数据和信息，进而对行为模式组合而成的共创方案进行必要的调整和优化，确保其始终与实际需求保持高度契合，为数字文化产业创新生态系统的发展提供持续动力。

综上所述，权衡多样行为，有机组合共创模式是实现数字文化产业创新生态系统高水平价值共创的关键所在。通过精准识别并深刻理解各方参与主体的共创行为特征，结合创新主体自身的利益诉求以及共创实践的发展情境对行为模式进行细致权衡和有机组合，并注重对行为模式组合而成的共创方案动态调整与优化，可以推动数字文化产业创新生态系统不断向前发展，实现共创价值的最大化。

三、深化过程思维，贯彻落实共创理念

在推动数字文化产业创新生态系统的多元主体价值共创过程中，各方主体必须深刻意识到价值共创是一个从动因到行为再到结果的完整演变过程，每一环节都是紧密相连的，共同决定着价值共创的水平和效果。因此，多元主体在开展共创实践过程中，必须深化过程思维，贯彻落实共创理念，全面把握价值共创的驱动因素、行为模式和共创结果之间的内在联系，通过精细化、专业化和系统化的过程管理，推动数字文化产业创新生态系统高质量发展。

具体来说，首先，深化过程思维意味着多元主体需要对价值共创的全过程进行细致的分析和规划。价值共创并非一蹴而就的过程，而是由多个相互联系、相互影响的环节组成。这些环节包括动因的激发、行为的选择、模式的组合以及结果的评估等。在深化过程思维时，我们需要深入理解每个环节的内涵和特点，把握它们之间的逻辑关系，构建出一个系统完整的价值共创运行框架。其次，贯彻落实共创理念要求多元主体将共创思维融入价值共创的全过程中。共创理念强调多元主体的平等参与、开放合作和互利共赢，是推动数字文化产业创新生态系统发展的重要动力。在价值共创的过程中，多元主体需要积极倡导和实践共创理念，引导各方主体树立

共同的目标和愿景，形成强大的创新合力。同时，多元主体还需要建立有效的沟通机制和协作平台，促进各方主体之间的信息共享、资源共享和知识共享，推动价值共创活动深入开展。最后，评估和优化价值共创结果是深化过程思维、贯彻落实共创理念的重要闭环环节。通过对价值共创结果的评估，多元主体可以了解共创活动的实际效果和共创过程中每一细微环节存在的问题，为后续共创方案的改进和优化提供有力支持。在评估过程中，多元主体需要关注多个方面的指标，如经济效益、社会效益、文化效益等，以全面反映价值共创的综合效果。同时，多元主体还需要根据评估结果，及时调整共创策略、优化共创模式，不断提升价值共创的水平和效果。

综上所述，通过整体把握价值共创的驱动因素、行为模式和共创结果之间的内在联系，从根本上确保多元创新主体合作的高效性和顺畅性，建立起相互信任和互利共赢的协同关系，共同促进数字文化产业创新生态系统的高质量发展，推动中国式现代化背景下文化强国战略的贯彻落实。

四、完善生态体系，建立健全共创机制

在数字文化产业创新生态系统中，完善生态体系并建立健全共创机制是推动整个系统高质量发展的核心任务。这一路径旨在构建一个健康、可持续的数字文化生态体系，激发多元主体的创新活力，促进优质内容的研发、推广和运营，实现数字文化产业的长远发展。

具体来说，首先，完善生态体系是确保数字文化产业持续健康发展的基础。一个完善的生态体系应该包括内容创作者、技术开发者、市场营销者、发行平台等各方主体，他们各自扮演着不可或缺的角色，比如内容创作者负责创作出高质量的作品，技术开发者为内容的呈现和传播提供技术

支持，市场营销者负责将作品推向市场，发行平台则为作品提供展示和交易的渠道。多元主体需要意识到自身在系统中承担的不同作用，并充分运用自身优势，同其他主体建立紧密的合作关系，共同推动数字文化产业的发展。其次，除了多方主体积极参与价值共创之外，生态体系的完善更要依赖价值共创内部机制的建立健全。这涉及多个层面的机制构建与优化，如合理的利益分配机制、促进生态圈内部高水平价值共创的良性竞争机制和多维创新机制、与其他跨度较大产业的跨界合作机制以及多元主体价值共创的治理机制等。通过不断优化生态圈的运作模式和运行机制，持续提升整个生态圈的竞争力和创新能力，推动数字文化产业的高质量发展。

第七章　总结与展望

第一节　研究结论

依托数字技术与文化资源的深度融合，多元主体基于创新生态系统的价值共创成为内容生产的主流趋势和产业发展的根本依归。在这样的融合生态下，每个创新主体都拥有独特的资源、技术和视角，这些元素在交织碰撞中激发出无尽的价值火花，但同时也带来了难以预测的挑战和变数。因此，深入探究多元主体价值共创的内在机制，厘清影响价值共创的多重因素之间的耦合关系，制定科学合理的优化发展路径对中国数字文化产业的未来发展具有重要意义。

本书使用定性与定量相结合的方法，通过构建五维度数字文化产业创新生态系统建设水平测度指标体系，对当前系统建设水平进行综合评价。后立足于中国数字文化生态发展情境，遵循"驱动因素—行为模式—共创结果"的完整过程逻辑，从数字文化产业创新生态系统核心主体视角切入，对阅文集团进行扎根分析，并基于案例研究所得价值共创机制模型框架，采用 fsQCA 组态分析方法，进一步探索多重驱动因素和多样行为模式与数字文化产业创新生态系统价值共创之间的复杂因果问题，探寻提升系统价值共创水平的多维耦合路径。最后基于以上研究提出价值共创导向下的数字文化产业创新生态系统发展路径，主要研究结论如下：

第一，数字文化产业创新生态系统发展现状分析。在总结前人研究的基础上，运用极差标准化法和熵权法构建了创新性、开放性、融合性、协同性、健康性五个特征维度的数字文化生态体系建设水平测度指标体系。通过对中国数字文化产业创新生态系统建设现状的全面测度和客观评价，发现中国在数字文化生态系统的建设和发展方面，无论从整体还是单维度来看，都存在巨大的提升空间。且在核心维度，即系统协同性建设方面，短板尤为突出，因此从实证层面证实了研究多元主体价值共创机制对产业未来发展尤为关键。

第二，数字文化产业创新生态系统价值共创机制探究。通过探索性单案例研究识别出了在数字文化产业创新生态系统中，多元主体主要受 IP 资源、数字技术、市场经济、价值需求、文化共识和产业政策这六大驱动因素影响而选择参与价值共创，以上因素间的相互联系和共同作用是实现价值共创的必要前提。在共创动因的驱使下，多元主体会选择性地开展多元差异的合作模式，具体包括内容创作模式、渠道对接模式、IP 生态模式、中介合作模式、技术赋能模式和政企协作模式。借助多元差异的共创模式，主体循序渐进地实现了从价值获取到价值传递，再到价值创造与增值，最终螺旋迭代的完整共创。同时，在整个共创过程中，价值合作网络不断完善，逐步从单平台的内容创作良性循环体系拓宽至多行业的数字文化商业生态,最后发展成为开放共享、协同紧密、精细专业的数字文化产业创新生态系统。本书还根据"动机——实现利益需求、机会——利用客观条件、能力——锻造核心能力"将识别出的驱动因素和行为模式通过 MOA 理论模型进行连接,进一步解析了价值共创行为产生的深层原因。根据以上研究结论,最终构建出了数字文化创新生态系统价值共创机制模型。

第三,数字文化产业创新生态系统价值共创耦合效应探究。通过组态分析揭示了由驱动因素维度上的前因条件耦合而成的三条实现高水平价值共创等效路径,分别是文化强国战略下的数字市场驱动型、文化强国战略下的新型需求驱动型和文化强国战略下的"内容+科技"双轮驱动型,以及一条仅有市场经济驱动因素和价值需求驱动因素存在,其他驱动因素缺失的非高水平价值共创路径。本书还揭示了由行为模式维度上的前因条件耦合而成的三条实现高水平价值共创等效路径,分别是渠道连接的内容生态模式、中介支撑的内容生态模式和技术赋能的内容生态模式,以及一条六种行为模式同时作为核心条件缺失的非高水平价值共创路径。从价值共创驱动因素看数字技术驱动、文化共识驱动、产业政策驱动占据各组合的核心地位,IP 资源驱动、市场经济驱动、价值需求驱动随机与数字技术驱动进行匹配。从价值共创行为模式看、文化企业选择以内容创作模式、IP 生态模式、政企协作模式为核心组合模式,后根据企业自身情况辅之以渠道对接、中介合作、技术赋能三种模式以实现高水平价值共创。

第四,数字文化产业创新生态系统发展优化路径。结合全文的分析结果,创新性地提出了"强化多重动因,灵活开展共创实践""权衡多样行为,有机组合共创模式""深化过程思维,贯彻落实共创理念""完善生态体系,建立健全共创机制"四条价值共创导向下的数字文化产业创新生态系统发展路径。

一、理论贡献

本书理论贡献主要体现在四个方面：

首先，本书构建了创新性、开放性、融合性、协同性、健康性五个系统特征维度的数字文化生态体系建设水平测度指标体系，丰富了现有关于数字文化产业创新生态系统建设测度的理论研究。

其次，本书从系统核心主体视角切入，遵循"驱动因素—行为模式—共创结果"的完整过程逻辑，深入剖析了数字文化产业创新生态系统价值共创理论机制，并将价值共创理论与 MOA 理论结合，系统构建了价值共创机制理论模型。本书结论弥补了现有研究关于数字文化产业多元主体价值共创的推进动力和行为模式零散且不够清晰的缺陷，完善并深化了现有研究对价值共创机制的探索，丰富了价值共创机制的整体逻辑和分析框架。

再次，本书揭示出驱动因素和行为模式对影响价值共创的多维组态路径，突破了以往研究中较少关注的实现价值共创前因条件耦合作用的局限，从理论层面证实了驱动因素或行为模式的单一维度都难以独立实现高水平价值共创，必须将影响因素进行有机组合以充分发挥耦合效用。此外，因为本书是立足于中国数字文化产业发展情境而展开一系列研究的，因此得出的研究结论对于中国数字文化产业的高质量发展更具有针对性帮助，即为多元创新主体如何在数字技术浪潮下和文化强国战略背景中更全面地认识价值共创问题，推动创新生态系统升级，促进产业创新发展等现实问题提供了有益的理论参考。

最后，本书创新性地采用组态分析视角，探究驱动因素和行为模式与数字文化产业创新生态系统价值共创之间的复杂因果关系。该方法的运用不仅拓展了模糊集定性比较分析方法的应用范畴，还可以在一定程度上为后续学者开展其他产业价值共创机制问题的探讨提供方法借鉴。

二、研究不足

以上研究结论具有一定的理论和实践价值，但仍存在以下不足：一是本书在案例研究阶段采用的是二手数据，虽然研究过程对充足的案例数据进行了深入剖析，但数据采集的局限性可能会影响结论的信效度。二是在价值共创耦合效应分析阶段，本书共收集了303份企业样本，数量有限，可能会对研究结论的可推广性产生影响。

第二节 研究展望

针对以上研究不足，未来可从以下方面作进一步的改进：

研究内容方面，可以丰富数字文化产业创新生态系统价值共创的分析视角，进一步拓展价值共创机制的理论模型。同时，未来研究可以考虑将驱动因素、行为模式与共创阶段进行匹配研究，比如采用多时段定性比较分析方法，进一步探寻在价值网络演化过程中，驱动因素与行为模式是否会发生变化？具体如何变化？每一阶段的情景特征是否与二者变化有关联？另外，未来研究可以深入探讨驱动因素与运行模式之间的交互耦合关系，继续深挖数字文化产业创新生态系统价值共创运行机制的内在机理。

数据分析方面，可以丰富案例数据以及实证数据的来源和问卷调研对象类型，进一步拓展研究得出的结论，提高研究结论的普适性。同时，问卷设计指标测量采用五级 Likert 量表，未来研究可以进一步使用统计数据指标对变量进行测量，使研究结论更加严谨。

参考文献

[1] Azeem M, Haleem A, Javaid M. Symbiotic Relationship between Machine Learning and Industry 4. 0: A Review [J]. Journal of Industrial Integration and Management, 2021, 7 (3): 401-433.

[2] Balcerzak A, Pietrzak M. Digital Economy in Visegrad Countries: Multiple-criteria Decision Analysis at Regional Level in The Years 2012 and 2015 [J]. Journal of Competitiveness, 2017, 9 (2): 5-18.

[3] Bhuiyan K H, Jahan I, Zayed N M, et al. Smart Tourism Ecosystem: A New Dimension toward Sustainable Value Co–Creation [J]. Sustainability, 2022, 14 (22): 15-43.

[4] Chen X, Liu C, Gao C, et al. Mechanism Underlying the Formation of Virtual Agglomeration of Creative Industries: Theoretical Analysis and Empirical Research [J]. Sustainability, 2021, 13 (4): 1637.

[5] Choi H, Burnes B. The Internet and Value Co-creation: The Case of the Popular Music Industry [J]. Prometheus, 2013, 31 (1): 35-53.

[6] Churchill G A. A Paradigm for Developing Better Measures of Marketing

Constructs〔J〕. Journal of Marketing Research, 1979, 16（1）: 64-73.

〔7〕 Cleveland M, Bartikowski B. Cultural and Identity Antecedents of Market Mavenism: Comparing Chinese at Home and Abroad〔J〕. Journal of Business Research, 2018, 82: 354-363.

〔8〕 Damali U, Miller J L, Fredendall L D, et al. Co-creating Value Using Customer Training and Education in a Healthcare Service Design〔J〕. Journal of Operations Management, 2016, 47（1）: 80-97.

〔9〕 Dodourova M. Alliances as Strategic Tools: A Cross-industry Study of Partnership Planning, Formation and Success〔J〕. Management Decision, 2009, 47: 831-844.

〔10〕 Fiss P C. Building Better Causal Theories: A Fuzzy Set Approach to Typologies in Organization Research〔J〕. Academy of Management Journal, 2011, 54（2）: 393-420.

〔11〕 Gkypali A, Filiou D, Tsekouras K. R&D Collaborations: Is Diversity Enhancing Innovation Performance?〔J〕. Technological Forecasting and Social Change, 2017, 118: 143-152.

〔12〕 Grönroos C. Value Co-creation in Service Logic: A Critical Analysis〔J〕. Marketing Theory, 2011, 11（3）: 279-301.

〔13〕 Hanson E C. Industrial Innovation and Public Policy: Preparing for the 1980s and the 1990s〔J〕. American Political Science Review, 1982, 76（3）: 699-700.

〔14〕 Joo Y G, Sohn S Y. Structural Equation Model for Effective CRM of Digital Content Industry〔J〕. Expert Systems with Applications, 2008, 34（1）: 63-71.

［15］Lang K, Shang D, Vragov R. Consumer Co-creation of Digital Cul-ture Products: Business Threat or New Opportunity? ［J］. Journal of the Associa-tion of Information Systems, 2015, 16 (4): 766-798.

［16］Lansiti M, Leven R. Strategy as Ecology ［J］. Harvard Business Re-view, 2004, 82 (3): 68-81.

［17］Lenka S, Parida V, Wincent J. Digitalization Capabilities as Enablers of Value Co-Creation in Servitizing Firms ［J］. Psychology & Marketing, 2017, 34 (1): 92-100.

［18］Lundvall, B-Å. Product Innovation and User-Producer Interaction ［J］. Industrial Development Research Series No, 1985 (1): 3-27.

［19］Ma Q, Yang Y-F, Gao J, et al. Digital Cultural Industry Value Chain Structure and Analysis of Its Influencing Factors ［J］. Springer Berlin Hei-delberg, 2013, 2 (2): 421-428.

［20］Min S, Roath A S, Daugherty P J, et al. Supply Chain Collabora-tion: What's Happening? ［J］. The International Journal of Logistics Manage-ment, 2005, 16 (2): 237-256.

［21］Mirko E, Patrik S. Differentiation in Digital Creative Industry Cluster Dy-namics: The Growth and Decline of the Japanese Video Game Software Industry ［J］. Geografiska Annaler, 2018, 100 (3): 263-286.

［22］Misangyi V F, Acharya A G. Substitutes or Complements? A Configu-rational Examination of Corporate Governance Mechanisms ［J］. Academy of Ma-nagement Journal, 2014, 57 (6): 1681-1705.

［23］Moore J F. Predators and Prey: A New Ecology of Competition ［J］. Harvard Business Review, 1993, 71 (3): 75-86.

[24] Moore J F. The Death of Competition: Leadership and Strategy in the Age of Business Ecosystems [M]. New York: New York Harpe Business, 1996.

[25] Mukherjee S, Venkatesh A. Co-creating Fun: Insights from Young Adults' Engagement with Video Games [J]. Advances in Consumer Research, 2008, 35 (1): 6-15.

[26] Namvar M, Fathian M, Akhavan P, et al. Exploring the Impacts of Intellectual Property on Intelectual Capital and Company Performance [J]. Management Decision, 2010, 48 (5): 676-697.

[27] Normann R, Ramírez R. From Value Chain to Value Constellation: Designing Interactive Strategy [J]. Harv Bus Rev, 1993, 71 (4): 65-77.

[28] Pcast. Sustaining the Nation's Innovation Ecosystems [R]. Information Technology Manufacturing and Competitive-ness, 2004.

[29] Pouris A, Inglesi-Lotz R. The Contribution of Copyright-based Industries to the South African Economy [J]. South African Journal of Science, 2017, 113 (11): 7.

[30] Prahalad C K, Ramaswamy V. Co-creation Experiences: The Next Practice in Value Creation [J]. Journal of Interactive Marketing, 2004, 18 (3): 5-14.

[31] Prahalad C, Ramaswamy V. Co-Opting Customer Competence [J]. Harvard Business Review, 2000, 78 (1): 79-87.

[32] Ragin C. Configurational Comparative Methods: Qualitative Comparative Analysis and Related Techniques [M]. Sage Publications Ltd., 2009.

[33] Ramaswamy V, Gouillart F. Building the Co-Creative Enterprise [J]. Harvard Business Review, 2010, 88 (10): 100-150.

［34］Ranjan K R, Read S. Value Co-creation: Concept and Measurement ［J］. Journal of the Academy of Marketing Science, 2016, 44（3）: 290-315.

［35］Santoro G, Bresciani S, Papa A. Collaborative Modes with Cultural and Creative Industries and Innovation Performance: The Moderating Role of Heterogeneous Sources of Knowledge and Absorptive Capacity ［J］. Technovation, 2020, 10（2）: 92-93.

［36］Schau H J, Muñiz A M, Arnould E J. How Brand Community Practices Create Value ［J］. Journal of Marketing, 2009, 73（5）: 30-51.

［37］Schneider C Q, Wagemann C. Set-theoretic Methods for the Social Sciences: A Guide to Qualitative Comparative Analysis ［M］. Cambridge: Cambridge University Press, 2013.

［38］Strauss A L. Qualitative Analysis for Social Scientists ［M］. Cambridge: Cambridge University Press, 1987.

［39］Suseno Y, Laurell C, Sick N. Assessing Value Creation in Digital Innovation ecosytems: a social media analytics approachy ［J］. The journal of Strategic Information Systems, 2018, 27（4）: 335-349.

［40］Tan F, Ondrus J, Tan B, et al. Digital Transformation of Business Ecosystems: Evidence from the Korean Pop Industry ［J］. Information Systems Journal, 2020, 30（5）: 866-898.

［41］Teece D J. Explicating Dynamic Capabilities: The Nature and Microfoundations of（Sustainable）Enterprise Performance ［J］. Strategic Management Journal, 2007, 28（13）: 1319-1350.

［42］Vargo S L, Lusch R F. Institutions and Axioms: An Extension and Update of Service-dominant Logic ［J］. Journal of the Academy of Marketing

Science，2016，44（1）：5-23.

［43］Wang N，Xue Y，Liang H，et al. The Dual Roles of the Government in Cloud Computing Assimilation：An Empirical Study in China［J］. Information Technology & People，2019，32（1）：147-170.

［44］Yang X C Y X J. Analysis on the Impact of Government-Enterprise Cooperation on Technological Innovation and Its Economic Consequences-Based on Empirical Cases of GEM-listed Companies［J］. Business and Management Studies，2018，4（4）：38-50.

［45］Yin R K. Case Study Research and Applications：Design and Methods［M］. London：Sage Publications Press，2017.

［46］Yong X，Xinxin T，Su Z，et al. Construction and Application of Digital Creative Platform for Digital Creative Industry Based on Smart City Concept［J］. Computers & Electrical Engineering，2020，87：106748.

［47］Zhang Y，Li H. Innovation Search of New Ventures in a Technology Cluster：The Role of Ties with Service Intermediaries［J］. Strategic Management Journal，2010，31（1）：88-109.

［48］包国强，陈天成，黄诚. 数字文化产业高质量发展的内涵构建与路径选择［J］. 出版广角，2021（3）：36-39.

［49］鲍枫. 中国文化创意产业集群发展研究［D］. 长春：吉林大学，2013.

［50］陈健，高太山，柳卸林，等. 创新生态系统：概念、理论基础与治理［J］. 科技进步与对策，2016，33（17）：153-160.

［51］陈万钦. 数字经济理论和政策体系研究［J］. 经济与管理，2020，34（6）：6-13.

［52］陈晓红，李杨扬，宋丽洁，等．数字经济理论体系与研究展望［J］．管理世界，2022，38（2）：208-224.

［53］成琼文，赵艺璇．企业核心型开放式创新生态系统价值共创模式对价值共创效应的影响———一个跨层次调节效应模型［J］．科技进步与对策，2021，38（17）：87-96.

［54］丁锦箫，蔡尚伟．数字文化创意产业的结构要素、内涵辨析与细分框架［J］．出版发行研究，2021，（12）：32-40.

［55］杜运周，贾良定．组态视角与定性比较分析（QCA）：管理学研究的一条新道路［J］．管理世界，2017（6）：155-167.

［56］樊霞，贾建林，孟洋仪．创新生态系统研究领域发展与演化分析［J］．管理学报，2018，15（1）：151-158.

［57］范周．数字经济变革中的文化产业创新与发展［J］．深圳大学学报（人文社会科学版），2020，37（1）：50-56.

［58］甘静娴，戚湧．双元创新、知识场活性与知识产权能力的路径分析［J］．科学学研究，2018，36（11）：2078-2091.

［59］高宏存，纪芬叶．区域突围、集群聚合与制度创新———"十四五"时期文化产业高质量发展的大视野［J］．行政管理改革，2021（2）：16-27.

［60］韩飞，王宇宸，马卓恺．延伸与赋能："出版+"实践及产业"破圈"再探［J］．中国出版，2023（14）：46-52.

［61］何里文，马瑜彬．文化产业生态系统研究与模型构建———基于服务主导逻辑的视角［J］．商业经济研究，2020（5）：184-188.

［62］何群．构建创新生态系统：我国文化产业提质增效的路径［J］．学习与探索，2018（2）：108-116.

［63］惠宁，张林玉.数字经济驱动与文化产业高质量发展［J］.北京工业大学学报（社会科学版），2024，24（2）：31-47.

［64］坚瑞，廖林娟，谢晓佳.数智时代平台型企业服务生态系统价值共创演化机理研究——以字节跳动为例［J］.福建论坛（人文社会科学版），2023（8）：97-111.

［65］简兆权，令狐克睿，李雷.价值共创研究的演进与展望——从"顾客体验"到"服务生态系统"视角［J］.外国经济与管理，2016，38（9）：3-20.

［66］科宾，施特劳斯.质性研究的基础：形成扎根理论的程序与方法［M］.重庆：重庆大学出版社，2015.

［67］李彪，王永祺，杨小涵.网络小说成为超级IP的影响因素与生成机理研究——基于45例网络小说IP的定性比较分析（QCA）［J］.国际新闻界，2018，40（12）：165-180.

［68］李俊久，张朝帅.数字要素投入、专业化分工与中国制造业国际竞争力［J］.国际经贸探索，2022，38（11）：51-65.

［69］李其玮，顾新，赵长轶.创新生态系统研究综述：一个层次分析框架［J］.科学管理研究，2016，34（1）：14-17.

［70］李巍.营销动态能力的概念与量表开发［J］.商业经济与管理，2015（2）：68-77.

［71］李烨，秦琴，张人龙.中国省域乡村数字经济发展水平测度及其空间关联研究［J］.价格理论与实践，2023（12）：32-37.

［72］李茁新，陆强.中国管理学案例研究：综述与评估［J］.科研管理，2010，31（5）：35-44.

［73］厉无畏，王慧敏.创意产业促进经济增长方式转变——机理·模

式·路径 [J]. 中国工业经济，2006（11）：5-13.

[74] 梁玲玲，李烨，陈松. 数字技术驱动下的企业开放式创新路径研究——基于 fsQCA 方法的组态效应分析 [J]. 科技管理研究，2022，42（17）：142-150.

[75] 刘会武，赵祚翔，马金秋. 区域高质量发展测度与创新驱动效应的耦合检验 [J]. 技术经济，2021，40（9）：1-13.

[76] 刘晓东. 基于价值增长机制的文化创意产品价值共创研究 [D]. 上海：东华大学，2017.

[77] 罗炜，唐元虎. 企业合作创新的组织模式及其选择 [J]. 科学学研究，2001（4）：103-108.

[78] 宁楠，惠宁. 数字经济与文化产业高质量发展——基于新发展理念视角的分析 [J]. 统计与决策，2023，39（18）：16-21.

[79] 秦海波，李文翰，孙卢玲，等. 中国数字经济政策的焦点变迁与演进规律 [J]. 中国科技论坛，2024（3）：83-94.

[80] 宋文慧. 面向特色小镇建设的政府与社会资本合作模式路径选择研究 [D]. 重庆：重庆交通大学，2019.

[81] 宋晓，梁学成，张新成，等. 非遗进景区：多主体价值共创的逻辑与机制——多案例研究 [J]. 旅游学刊，2022，37（11）：85-100.

[82] 孙静林，穆荣平，张超. 创新生态系统价值共创：概念内涵、行为模式与动力机制 [J]. 科技进步与对策，2023，40（2）：1-10.

[83] 王丹平，谢彦君. 群体精神符号与主体性异化——网红景观符号的生成、传播与消费 [J]. 旅游学刊，2024，39（2）：61-73.

[84] 王美钰，李勇泉，阮文奇，等. 遗产旅游地文化传承式创新对游客行为的多重影响：整合社会和市场视角 [J]. 旅游学刊，2023，5（11）：

1-23.

［85］王庆．我国文化产业价值共生生态系统研究——以中原出版传媒集团文化产业创新联合体为例［J］.出版发行研究，2023（9）：32-35.

［86］武建龙，鲍萌萌，陈劲，等．产业联盟创新生态系统升级路径研究［J］.科研管理，2022，43（9）：20-31.

［87］向勇，白晓晴．新常态下文化产业 IP 开发的受众定位和价值演进［J］.北京大学学报（哲学社会科学版），2017，54（1）：123-132.

［88］谢静雨，王占军．创新生态系统如何提高区域高校科技成果转化效率——组态视角的模糊集定性分析［J］.高校教育管理，2023，17（4）：76-86.

［89］解学芳，臧志彭．"互联网+"背景下的网络文化产业生态治理［J］.科研管理，2016，37（2）：80-89.

［90］解学芳，张佳琪．"智能+"时代现代文化产业体系的健全逻辑：要素协同与数字治理［J］.学术论坛，2022，45（3）：110-122.

［91］解学梅，孙科杰．产业技术创新战略联盟长效合作机制：基于 144 家联盟的实证研究［J］.系统管理学报，2018，27（3）：401-413.

［92］解学梅，王宏伟．开放式创新生态系统价值共创模式与机制研究［J］.科学学研究，2020，38（5）：912-924.

［93］徐春晓．文化与农村相对贫困治理：作用逻辑、目标靶向与治理路径［J］.湖北民族大学学报（哲学社会科学版），2023，41（1）：53-65.

［94］许立勇，周从从．数字创意产业共生模式及其发生机制分析［J］.经济与社会发展，2020，18（4）：10-15.

［95］杨新敏．IP 影视：概念与诉求［J］.中国电视，2016（3）：93-96.

［96］杨秀云，李敏，李扬子．数字文化产业生态系统优化研究［J］．西安交通大学学报（社会科学版），2021，41（5）：127-135.

［97］于丽艳，李军力．基于SEM的企业知识产权能力影响因素测度［J］．工业技术经济，2017，36（1）：146-151.

［98］余宇新，李煜鑫．区块链技术促进数字文化产业高质量发展的机制［J］．上海经济研究，2023（8）：32-41.

［99］曾国屏，苟尤钊，刘磊．从"创新系统"到"创新生态系统"［J］．科学学研究，2013，31（1）：4-12.

［100］张凡，罗义，宋春晓，等．基于fsQCA方法的高新技术企业高质量发展路径——以陕西省为例［J］．系统管理学报，2023，32（4）：796-811.

［101］张洪，鲁耀斌，张凤娇．价值共创研究述评：文献计量分析及知识体系构建［J］．科研管理，2021，42（12）：88-99.

［102］张金山，徐广平，徐雪娇．突发事件驱动新企业创业即兴行为的组态研究［J］．吉林大学社会科学学报，2021，61（3）：154-162.

［103］张妙．文创赋能背景下我国文创出版发展路径研究［J］．编辑之友，2022（7）：27-31.

［104］张培，刘世静．数字创新生态系统赋能互补者演进过程与内在机制［J］．科技管理研究，2023，43（10）：179-190.

［105］张伟，吴晶琦．数字文化产业新业态及发展趋势［J］．深圳大学学报（人文社会科学版），2022，39（1）：60-68.

［106］张振鹏．基于扎根理论的文化企业商业模式创新机理研究［J］．理论学刊，2022（4）：109-116.

［107］张振鹏．文化产业数字化的理论框架、现实逻辑与实现路径［J］．

社会科学战线，2022（9）：74-83.

[108] 赵礼寿，马丽娜. 读者参与视角下中国网络文学海外市场开发机制研究 [J]. 出版广角，2022（4）：46-51.

[109] 赵星宇，庄贵军. 渠道多元化对制造商—经销商之间合作关系的影响 [J]. 管理学报，2021，18（1）：110-117.

[110] 郑帅，王海军. 模块化下企业创新生态系统结构与演化机制——海尔集团 2005—2019 年的纵向案例研究 [J]. 科研管理，2021，42（1）：33-46.

[111] 周贵川，揭筱纹. 企业间合作技术创新模式选择研究 [J]. 科技进步与对策，2012，29（6）：73-78.

[112] 周建新，谭富强. 大数据如何赋能数字文化产业高质量发展？ [J]. 东岳论丛，2022，43（10）：152-162.

[113] 周锦. 数字经济推动文化产业价值共创：逻辑、动因与路径 [J]. 南京社会科学，2022（9）：165-172.

[114] 周述章，何静. 广东文化和科技融合模式面临的挑战与路径优化 [J]. 科技管理研究，2023，43（24）：96-106.

[115] 朱静雯，孙庆庆. 关于我国文化中介机构的思考 [J]. 出版科学，2014，22（3）：16-18.

[116] 朱静雯，姚俊羽. 后疫情时代数字文化产业新业态探析 [J]. 出版广角，2021（3）：16-20.

后 记

　　2020 年 11 月的一天，江瑶（本书笔者之一）在上海工程技术图书馆内看着笔记本上"数字文化产业创新生态系统"几个字出神，想第三次申报国家自然科学基金项目，但心里总觉得缺了点什么。陈旭（本书笔者之二）走过来，指着几个字说道："应该进一步深入创新生态系统的什么。"江瑶回过神来，点点头表示同意，但又不知道该如何深入，就没有再说话。陈旭继续说道："数字文化产业创新生态系统发展中存在的实际问题是什么？"江瑶眉头一缩，随即又眼前一亮，高兴地回应道："我明白了！"江瑶明白了什么呢？所谓的学术研究，要以问题为导向啊，否则有什么意义？这些天来一直想着如何申报项目，却忘记了研究最本质的意义！于是，江瑶全面梳理我国当前文化产业的发展现状，实地调研多家文化企业的从业人员，仔细回想着自己作为文化产品消费者这些年来的需求变化……

　　经过两个多月的了解，江瑶发现数字经济时代下大量线下的文化活动转为"云端"，让人们足不出户尽享文化盛宴，满足并丰富广大群众的精神文化需求。比如，抖音打造的"非遗过年 DOU 来播"活动邀请文化大咖和非遗手艺人走进直播间宣传各地非遗之美；故宫博物院推出的"故宫红"

系列文化主题活动采用图文、视频、互动、游戏、线上展览等形式带领人们畅览故宫文化资源。依托于数字技术与文化资源的深度融合,文化产业结构调整升级,文化生产方式、传播方式、流通方式和消费方式持续变革,已经形成了以动漫游戏、网络文学、数字影音、创意设计、智慧文旅等为代表的数字文化产业。依托于数字平台,文化生产者和消费者相互融合、专业化生产者和非专业化生产者相互合作、人际交往的社交属性和商业属性无缝衔接,极大地激发出文化创新活力,实现各方参与主体的价值追求与价值增值。因此,依托于网络平台形成的数字文化产业创新生态系统组织模式,可以有效促进多主体价值实现。那么,数字文化创新生态系统是如何实现价值共创的?在我国文化强国战略背景下,相关部门又该如何引导其未来发展?带着对这些问题的好奇心,江瑶认真地在笔记本上补充写道:数字文化产业创新生态系统价值共创。这也就有了2021年8月国家自然科学基金青年项目获批的好消息,以及三年后的本书。

本书主要探究了数字文化产业创新生态系统价值共创的内在机制,以及驱动因素和行为模式对促进实现高水平价值共创的耦合效应。相较于已有研究,本书主要有以下创新点:

(1)研究视角创新。第一,基于创新性、开放性、融合性、协同性、健康性五个特征维度构建的数字文化生态建设水平测度指标体系,丰富了现有关于数字文化产业创新生态系统建设测度的理论研究。第二,立足于中国数字文化生态发展情境,对多元主体价值共创的关键推动力、主要行为模式、共创效益以及因素间的内在联系展开了深入剖析,丰富了现有关于数字文化产业多元主体价值共创的理论体系,弥补以往研究中关于共创机制零散且不够清晰的理论缺陷。第三,本书突破了以往研究中较少关注的实现价值共创前因条件耦合作用的局限,从理论层面证实了驱动因素和行为模式与价值共创之间存在组态耦合效应。

（2）研究内容创新。第一，本书遵循"驱动因素—行为模式—共创结果"的完整过程逻辑，深入剖析了价值共创理论机制，不仅全面揭示了共创机制的内在运作机理，还展示了价值共创与系统演化之间的紧密关联。这一创新视角弥补了以往研究对价值共创过程性及其与系统演化关联性的忽视缺陷，为多元主体价值共创提供了更为全面和深入的理论支撑。第二，本书还借助"动机——实现利益需求、机会——利用客观条件、能力——锻造核心能力"的分析框架，将识别出的驱动因素和行为模式通过 MOA 理论进行连接，进一步解析了价值共创行为产生的深层原因，为价值共创理论研究提供了新的理论视角和思路。

（3）研究方法创新。目前关于价值共创的研究多以质性研究展开，本书创新性地采用 fsQCA，研究驱动因素和行为模式与价值共创之间的复杂因果关系。该方法不仅拓展了模糊集定性比较分析方法的应用范畴，还在一定程度上为后续学者开展其他产业价值共创机制问题的研究提供了借鉴方法。

本书内容的最终完成得益于三位笔者从 2021 年 8 月至今的共同努力。程婷华（本书笔者之三）是 2021 年 9 月进入上海工程技术大学管理学院攻读硕士研究生的，整个硕士生涯都围绕该问题展开研究。在近乎每周一次的组会上，三位笔者共同研讨、相互争辩，每一章节的内容都是写了改、改了写，反反复复修改后的心血凝结。这本书的出版，是对三位笔者莫大的鼓励，也不断提醒他们保持"以问题为导向"开展学术研究的初心！

江瑶　陈旭　程婷华

2024 年 6 月

于上海工程技术大学